기독교문서선교회(Christian Literature Center: 약칭 CLC)는 1941년 영국 콜체스터에서 켄 아담스에 의해 시작되었으며 국제 본부는 미국 필라델피아에 있습니다. 국제 CLC는 59개 나라에서 180개의 본부를 두고, 약 650여 명의 선교사들이 이동 도서차량 40대를 이용하여 문서 보급에 힘쓰고 있으며 이메일 주문을 통해 130여 국으로 책을 공급하고 있습니다. 한국 CLC는 청교도적 복음주의 신학과 신앙 서적을 출판하는 문서선교기관으로서, 한 영혼이라도 구원되길 소망하면서 주님이 오시는 그날까지 최선을 다할 것입니다.

추천사 1

진솔한 사람의 진솔한 글

홍 길 복 목사
해외한인장로교회 은퇴목사

　김충석 목사는 2009년 시드니 우리교회가 설립 10주년 기념으로 몽골로 파송한 선교사입니다. 그는 이번에 틈틈이 써 놓았던 선교 일기 중 처음 5년간의 활동을 아무런 꾸밈도 없이 책으로 엮어 출판하게 되었습니다. 지난 2-30년 동안 적지 않은 한국 선교사가 몽골에 가서 사역을 하였지만, 그들의 선교 사역에 대한 글이나 보고서들은 거의 없는 상태인데 이 작은 책이 하나의 마중물이 되기를 바랍니다. 선교 역사에서 볼 수 있듯이 모든 초창기 선교사의 글들은, 그것이 공식적 선교 보고서든, 아니면 개인의 편지나 일기나 잡기장까지도 훗날엔 세계 선교의 소중한 자료들이 될 것이며, 따라서 이 『황야에서 꿈을 꾸다』 역시도 한 개인의 일기를 넘어서는 소중한 몽골선교의 사료가 될 것이라고 봅니다.
　김 선교사는 진솔하고 올곧은 사람입니다. 과장이나 가식이나 자기 자랑을 잘 못하는 사람입니다. 그러다 보니 그의 활동이나 글 역시도 아주 단순하고 군더더기가 없습니다. 그러나 거기에는 한 정직한 인간의 있는 그대로의 모습이 보입니다. 그의 글은 그의 생각을 반영하고, 그의 생각은 그의 섬김 속에 드러납니다. 그의 파송예배 때, 저는 김 선교사에게 일단 한번 몽골에 가면 아주 죽어서 오리라고 결심하고 떠나라고 말했는데, 요즘은 그가 진짜로 그렇게 하면 어떻게 하나 하는 걱정이 듭니다.
 나는 편한 땅에서 편하게 늙어가는데 그이만 혹한의 땅에서 연약한 몸을 지닌 채 고생하는 걸 보면서 양심의 가책이 생기는 것입니다.

2023년 부활절 시즌에
시드니에서

추천사 2

몽골을 내 몸같이

정지홍 목사
좋은씨앗교회 담임

  내가 십수 년을 알고 지낸 김충석 선교사는 신실한 목회자다. 진실하고 꾸밈이 없고 말보다는 몸이 먼저 움직이는 사역자다. 그를 보고 있으면 괜히 숙연해지고 마음마저 먹먹하다.
  동토의 땅에서 무엇을 할 수 있을까?
  견딜 수 없는 냉혹한 추위, 가난, 황사 …, 그런데도 하나님은 몽골을 지독히 사랑하신다. 몽골인들이 구원받고 새롭게 되기를 원하신다. 그래서 하나님께서 김충석 선교사를 몽골에 보내셨다. 척박한 땅에서 그들과 함께 어울려 살며 복음을 전하라고, 우리 교회가 그를 파송한 것은 큰 축복이 아닐 수 없다.
  김 선교사는 별명이 곰이다. 신실하다는 말이다. 하나님의 부르심을 지상 최대의 사명으로 알고 지체없이 달려갔다. 그리고 지금까지 가난하고 소외된 사람들을 찾고 또 찾아가고 있다. 그래서 얻은 별명이 '거지 왕초'이다. 곰이 '거지 왕초'가 된 것이다.
  십 년이면 강산이 변한다는데 몽골을 향한 그의 사랑은 변함이 없다. 집이 없이 떠돌아다니는 걸인들을 위해 집을 짓고, 교회도 짓고, 사랑 가득 담아 밥을 짓는다. 비자 연장이 어려울 때마다 기도 부탁을 하며 기어코 들어가고, 몸이 아프면 치료받고 또 들어간다. 몽골이 그의 몸이 되었기 때문이다.

이번에 김 선교사의 몽골 사역의 글이 책으로 나온다고 하니 기쁘고 감사하다. 그의 글에는 눈물과 땀이 배 있다. 그의 글을 읽다 보면 몽골 현장이 사진처럼 눈에 들어오고, 그 땅의 흙 내음, 사람 내음도 풍긴다. 무엇보다 하나님의 사랑이 진하게 느껴진다.

몽골을 사랑하는 김 선교사를 하나님께서 위로하시고 격려하시기를 기도하며 이 글이 몽골 사역의 또 다른 시작점이 되기를 바란다. 모든 영광을 하나님께!

황야에서 꿈을 꾸다

Finding Life in the Wildness
Written by ChoongSeok Kim
All rights reserved.
Korean Edition Copyright ⓒ 2023 by Christian Literature Center, Seoul, Korea.

황야에서 꿈을 꾸다

2023년 12월 15일 초판 발행

지 은 이 | 김충석

편 집 | 도전욱
디 자 인 | 박성준, 서민정
펴 낸 곳 | (사)기독교문서선교회
등 록 | 제16-25호(1980. 1. 18.)
주 소 | 서울특별시 동대문구 천호대로71길 39
전 화 | 02-586-8761~3(본사) 031-942-8761(영업부)
팩 스 | 02-523-0131(본사) 031-942-8763(영업부)
이 메 일 | clckor@gmail.com
홈페이지 | www.clcbook.com
송금계좌 | 기업은행 073-000308-04-020 (사)기독교문서선교회
일련번호 | 2023-98

ISBN 978-89-341-2626-3 (03230)

이 책의 출판권은 (사)기독교문서선교회가 소유합니다.
신저작권법에 의하여 한국 내에서 보호받는 저작물이므로 무단 전재와 무단 복제를 금합니다.

문서 선교로의 부르심을 받고 매일의 선교 사역의 일상을
일기로 기록한 진솔하고 우직한 선교 현장 이야기!

김충석 지음

황야에서 꿈을 꾸다

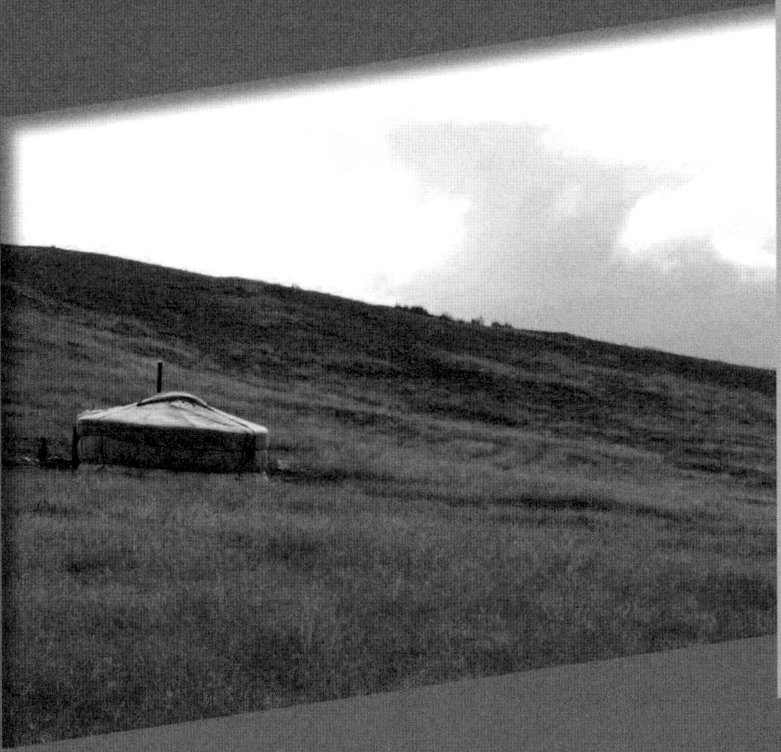

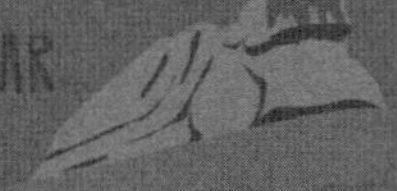

ULAANBAATAR

몽골을 내 몸같이

GOBI DESERT

CLC

목차

추천사 1 **홍길복 목사** | 해외한인장로교회 은퇴목사   1

추천사 2 **정지홍 목사** | 좋은씨앗교회 담임   3

들어가며   14

제1부 낯선 현지 적응의 시간 / 2009-2010년

1. 몽골 입성하다 / 2009년 12월 17일, 목   17
2. 학생부 연합 성탄절 예배 / 2009년 12월 19일, 토   20
3. 아내가 몽골에 오다 / 2000년 12월 28일, 월   22
4. 재래시장에서의 봉변 / 2010년 1월 12일, 화   24
5. 산등성에 사는 가난한 사람들 / 2010년 1월 13일, 수   25
6. 아내의 출국 / 2010년 1월 22일, 금   28
7. 택시 기사의 횡포 / 2010년 2월 5일, 금   30
8. 처음 맞는 몽골 설날 / 2010년 2월 14일, 주일, 설날[차강사르]   32
9. 게르 가정 방문 / 2010년 2월 15일, 월   34
10. 무당에서 하나님 백성으로 / 2010년 2월 16일, 화   36
11. 교회 캠프 / 2010년 3월 12일, 금   38
12. 한국어반 개설 / 2010년 3월 19일, 금, 눈   41
13. 깔끔한 김 목사 / 2010년 3월 20일, 토   43
14. 공과금 내는 번거로움 / 2010년 4월 6일, 화   45

15. 옆집 할머니 / 2010년 4월 10일, 토	47
16. 지방 교회 방문 / 2010년 4월 18일, 주일	49
17. 황사 바람의 발원지 / 2010년 4월 21일, 수	51
18. 병문안 온 청년들 / 2010년 4월 22일, 목	53
19. 어문고비신학교 상담 사역 / 2010년 4월 30일, 금	55
20. 남부 고비 사막에 있는 신학교 강의 / 2010년 5월 4일, 화	57
21. 버스 안에서 폭행을 당하다 / 2010년 5월 6일, 목	59
22. 알뜰 매장 사장의 헌금 / 2010년 7월 14일, 수	62
23. 노상 강도와의 작전 / 2010년 7월 30일, 금	64
24. 청년 연합 수련회 / 2010년 8월 6일, 금	66
25. 구역예배 / 2010년 8월 11일, 수	68
26. 익숙한 것에서의 탈피 / 2010년 9월 4일, 토	70
27. 성가대에 대한 고민 / 2010년 9월 18일, 토	72
28. 물질에 대한 탐심 / 2010년 9월 25일, 토	75
29. 바자회를 열면서 / 2010년 10월 2일, 토	77
30. 낯선 행인과의 인사 / 2010년 10월 14일, 목	79
31. 출산한 부인에게 미역국 선물 / 2010년 11월 2일, 화	81
32. 이정표 없는 몽골 가정의 미래 / 2010년 11월 29일, 월	83
33. 아버지의 마음 / 2010년 12월 3일, 금	85
34. 무리한 성탄절 준비의 후유증 / 2010년 12월 12일, 주일	87
35. 감동적인 한의사 / 2010년 12월 15일, 수	89
36. 파송 교회 선교 담당 장로님의 몽골 방문 / 2010년 12월 15일, 수	91
37. 한국에서 가족 상봉 / 2010년 12월 18일, 토	93

제2부 사역의 기초를 세우다 / 2011년

1. 몽골 선교의 대부 선교사가 떠나다 / 2011년 1월 31일, 월 — 96
2. 우물 헌금 / 2011년 3월 16일, 수 — 99
3. 위기를 모면하게 해 준 여대생 / 2011년 3월 24일, 목 — 101
4. 끝이 없는 길 / 2011년 3월 31일, 목 — 103
5. 게르 마을 노숙자들의 삶 / 2011년 4월 15일, 금 — 106
6. 게르 마을 준공식 / 2011년 5월12일, 목 — 108
7. 브리스길라와 아굴라 같은 가정 / 2011년 5월 20일, 금 — 110
8. 워싱턴 몽골교회 가정 세미나 캠프 / 2011년 5월 29일, 주일 — 112
9. 워싱턴에서 시드니를 거쳐 몽골 도착 / 2011년 7월 15일, 금 — 114
10. 워싱턴에 있는 한인 교회 단기팀의 사역과 비보 / 2011년 7월 20일, 수 — 116
11. 버스 안에서 생긴 일 / 2011년 9월 17일, 토 — 119
12. 사랑하는 딸이 몽골에 오다 / 2011년 9월 30일, 금 — 121
13. 목도리의 기적 / 2011년 12월 18일, 주일 — 123

제3부 사역의 무게를 느끼다 / 2012년

1. 상담 수업을 마치며 / 2012년 1월 27일, 금 — 127
2. 게르 마을 안에서 싸움 / 2012년 1월 28일, 토 — 129
3. 감사 인사가 죄? / 2012년 3월 6일, 화 — 131
4. 동료 선교사가 추방 당하다 / 2012년 4월 13일, 금 — 133
5. 복음 사역의 무게 / 2012년 4월 21일, 토 — 135
6. 시드니 7주간 방문 / 2012년 5월 22일, 화 — 138
7. 충청도 서천 K 교회 단기 선교팀 사역 / 2012년 8월 7일-17일 — 140
8. K 자매 이야기 / 2012년 8월 19일, 주일 — 145
9. 인천 고향 교회 단기 선교팀 출국 / 2012년 8월 24일, 금 — 148
10. 한국형 수박과 참외를 산 기쁨 / 2012년 8월 27일, 월 — 151
11. 교통비 송금하고 나서 / 2012년 8월 30일, 목 — 154
12. 시드니에서 B 장로님과 4주간의 여행을 마치고 / 2012년 9월 20일, 목 — 156
13. 사도 바울의 심정으로 / 2012년 11월 4일, 주일 — 160
14. 착륙하지 못하고 선회하는 비행기 / 2012년 12월 17일, 월 — 163

제4부 몽골의 초상화 / 2013년

1. 내일이 없는 인생들 / 2013년 1월 26일, 토　　166
2. 파송 교회 김 장로님의 위문 편지 / 2013년 2월 4일, 월　　169
3. 기도 중에 운명한 환자 / 2013년 2월 9일, 토　　171
4. 귀엽고 사랑스러운 우리 목사님 / 2013년 3월 31일, 부활 주일　　173
5. 영혼을 사랑하는 목사님 / 2013년 4월 4일, 목　　175
6. 아내가 갑상선 암 수술 후 5주 동안 격리되다 / 2013년 5월 3일, 금　　177
7. 아빠라는 이상형 / 2013년 5월 6일, 월　　179
8. 입으로 달아 드린 카네이션 / 2013년 5월 8일, 수, 어버이날　　182
9. 자동차 구입 / 2013년 6월 24일, 월　　184
10. 한국 어느 교회로부터 받은 이메일 / 2013년 6월 28일, 금　　186
11. 좋은 차를 소유한 징벌 / 2013년 7월 7일, 주일　　188
12. 초원의 노래 / 2013년 7월 15일, 월　　190
13. 한번 제자는 영원한 제자(?) / 2013년 8월 6일, 화　　192
14. 몽골 찬양단 한국을 향하다 / 2013년 8월 7일, 수　　195
15. 몽골 청년들이 한국 방문 일정을 마치다 / 2013년 8월 19일, 월　　197
16. 추석날 뭇매를 맞은 한국 청년들 / 2013년 9월 20일, 금　　199
17. L 선교사 가정이 철수하다 / 2013년 10월 11일, 금　　201
18. 도난당한 자의 이중 고통 / 2013년 10월 25일, 금　　204
19. 중국 장미 / 2013년 10월 30일, 수　　206
20. 창가에 서서 / 2013년 11월 5일, 화　　208
21. 몽골의 초상화 / 2013년 11월 10일, 주일　　210
22. 시드니 S 교회에서 몽골을 방문하다 / 2013년 12월 21일, 토　　215
23. 아내의 분주한 몽골 시간 / 2014년 2월 15일, 토　　217

제5부 동역자들에 대한 감사 / 2014년

1. 뉴욕 교회에서 보내온 모자와 목도리 / 2014년 4월 25일, 금   220
2. C 선교사가 철수하다 / 2014년 5월 15일, 목   222
3. 꿈에서 깨어나 울어 버린 여중생 / 2014년 6월 10일, 화   225
4. 몽골이 해결해야 할 세 가지 재앙 / 2014년 6월 25일, 수   227
5. 두통을 치료받기 위해 시드니 가정에 안착 / 2014년 8월 29일, 금   231
6. 몽골 선교를 위해 헌신하는 성도들에게 감사 / 2014년 10월 19일, 주일, 25도   233

나가며   237

제6부 부록

1. 선교사의 제1 순위   240
2. 잦은 단수에 대한 느낌   243

들어가며

은혜로 인도하시는 하나님께 감사드리며

　몽골 땅에 발을 디딘 시간이 엊그제 같은데 어느덧 십수 년이 훌쩍 지나갔습니다. 이러한 시점에 저의 초창기 사역의 일상을 출간한다는 것이 시대에 걸맞지 않은 일이라 여겨질 수 있습니다.
　제가 이곳에 입국하기 전 선임 선교사에게서 몽골에서 문서 선교의 필요성을 들으며 그 사역을 위해 몽골에 들어오면 좋겠다고 제안을 받았습니다. 아마 제가 호주에서 부족하지만 한국에 있는 크리스천 신문에 칼럼을 썼고, 호주에서도 크리스천 월간지에서 15년 동안 편집위원으로 활동한 것을 알고 권한 것 같습니다.
　몽골에 온 후 많은 시간이 지나서 제가 써 놓은 일기를 본 아내는 몽골의 상황을 책으로 엮으면 좋겠다고 해서 이제야 출간하게 되었습니다.
　현시점에서 읽어도 지난 십여 년간의 몽골 풍경은 옛날이야기처럼 보입니다. 요즈음 K-문화 영향으로 사회 기반 시설이나 문화적 환경이 놀랍게 달라졌습니다. 글 속에 표현된 모습들은 전적으로 저의 주관적인 시각이지만, 향후 10-20년 지나서 다시 읽어 보면 지난날의 흔적을 기억하게 될 것입니다. 몽골 일기는 이번으로 끝나지 않고 저의 사역이 마무리되거나 그 후에도 몽골의 사회적 변화 그리고 하나님의 나라가 어떻게 진행되고 있는지 스케치하려고 합니다.

황야에서도 풀을 뜯고 살아가는 양 떼가 있고, 무궁무진한 자원과 생수가 흐르는 것처럼 앞으로 몽골 땅에 아무도 예측할 수 없는 꽃들이 피어나고 아울러 열매가 풍성히 맺히리라 확신합니다. 저는 이것을 꿈꾸며 매일매일을 기원하고 있고 또한 전능하신 하나님께서 이 땅을 축복해 주시리라 믿습니다.

끝으로 저를 위해 물심양면으로 후원해 주신 여러분에게 깊은 사랑과 감사의 마음을 전합니다.

제1부

낯선 현지 적응의 시간

2009-2010년

몽골 입성하다
2009년 12월 17일, 목

이스라엘 백성들이 이집트에서 사백 년 노예 생활을 마감하고 하나님의 기적으로 새로운 땅, 미지의 땅으로 발길을 옮긴 것처럼, 오늘은 이십 년 시드니에서의 생활을 마치고, 하나님의 섭리 가운데 동토의 땅, 몽골에 발을 딛게 된 날이다.

오늘에 이르기까지 말로 다 표현할 수 없는 우여곡절과 번민과 눈물이 있었지만 돌아보면 하나님의 인도하심이었다. 앞으로도 어떠한 일에 직면할지 모른다. 다만 이곳으로 나를 보내신 분께 모든 것을 맡길 뿐이다.

내가 무엇을 계획할 수 있겠는가?

인천 공항에서 세 시간 남짓 날아오니 백설로 뒤덮인 산과 초원을 창문을 통해 볼 수 있었다. 시내에 도착하기 전인데도 짙은 구름층이 도시를 덮고 있었다. 내려서 보니 연기가 짙어서 사물을 구별하기 어려웠다.

비행기는 거친 활주로에 요란한 굉음을 내며 안착했다. 드디어 몽골에 입성한 것이다. 입국장의 형광등은 빛바랜 모습으로 나를 향해 계속 깜박거렸고, 조각상처럼 무표정한 얼굴로 앉아 있는 직원의 눈치를 보며 입국 심사를 마쳤다. 몇 개의 가방을 찾아 좁은 공항에서 나오니 내가 살 몽골 집주인과 한국 선교사가 나를 반갑게 맞았다. 아는 사람이 있다는 것이 다행이었다. 내가 다녀 본 국가 중 공항 대합실이 가장 작은 국제 공항이었다. 공항 전광판의 시간과 온도가 눈에 들어왔다.

오후 5시, 영하 38도!

처음 겪는 혹독한 기온이다. 방한화가 바닥에서 잘 떨어지지 않았다. 순간 겁이 덜컥 났다.

소문은 들었고, 기록은 보았지만 내가 과연 살아남을 수 있을까?

그런데 석탄 연기가 심해 앞을 가늠할 수 없을 정도였다. 신호등이 없는 사거리는 아수라장이었지만 익숙한 운전자는 용케 잘 빠져나온다. 이러저러한 염려를 하다 보니 숙소에 도착하게 되었다.

시드니에서 아는 몽골인을 통해 아파트를 쉽게 얻을 수 있었다. 아직 건물은 완성이 안 되어 있었다. 숙소에 들어가니 시멘트 냄새와 벽에 칠한 마르지 않은 페인트 독성 그리고 아직도 진행 중인 벽지와 본드 풀 냄새 등이 뒤엉켜 코에 들어오자마자 숨이 멈출 듯했다. 첫날부터 지독한 냄새로 신고식을 받게 된 것이다.

아직 식사 도구나 이부자리, 침대는 물론 싱크대도 없었다. 한 몽골인이 자기의 집에 가서 스펀지 매트리스와 얇은 이불을 갖고 왔다. 이렇게 몽골의 생활이 시작되었다.

한국 선교사가 자기의 집에 가서 식사하고 내일 다시 오라고 편의를 제공했지만, 그럴 생각이 없었다. 다 보낸 후 맨바닥에 무릎을 꿇고 감사 기도를 드렸다. 그리고 몽골에서의 여정을 온전히 맡기며 힘써 기도했다. 사실, 기도보다는 눈물을 훔쳐내느라 더 힘들었다. 14개월 전에 잠시 시드니의 목사들과 단기선교 여행으로 왔던 것과 사역자로 발을 딛는 것과는 많은 차이가 있음을 절감하게 되었다.

야곱이 형으로부터 도망하다가 사막에서 첫날 밤을 맞이한 것처럼 아무도 아는 이가 없는 몽골 땅의 첫날 밤을 뜬눈으로 지새워야 했다.

파송예배 때 설교와 권면한 목사님들의 음성이 들리는 듯했다.

하나님이 가라 하시면 가는 거죠!
하나님이 죽으라 하시면 죽는 거죠!

선교사의 길을 잘 알지 못해도 이 짧은 두 마디는 어디에나 적용되는 선교사의 길이 아니겠는가?

사도 바울의 신앙 고백처럼 "살든지 죽든지" 이 신앙의 각오로 시작된 나의 길을 그가 온전히 이루어 주리라.

학생부 연합 성탄절 예배

2009년 12월 19일, 토

새벽에 눈을 떠 보니 아직 아침 해가 떠오르지 않아 설친 잠을 좀 더 청했다. 시계를 보니 8시가 넘어가고 있었다. 창문을 자세히 보니 탁한 공기가 햇빛을 차단하고 있었던 것이다. 목은 하룻밤 사이에 칼 바람에 베인 듯 침을 삼키기 힘들었고, 옛날에 한 번 연탄가스에 중독되어 쓰러졌던 아픈 기억이 되살아났다.

저녁 시간에 한국 선교사가 담임하고 있는 몽골교회에서 성탄절 학생 연합 집회가 있는데 그 시간에 설교를 하기로 되어 있었다. 목 상태가 좋지 않아 내심 걱정스러웠다. 좀 더 시간이 흐르면 나아질까 하는 기대를 하고 따듯한 물을 계속 마셨다.

오후 5시 집회에 조금 일찍 도착했다. 이 백여 명이 벌써 와서 요란하게 뛰어다니고 있었다. 교회 안에는 풍선과 색종이와 반짝이로 엮어 만든 장식들이 제멋대로 휘날리고 있었다. 성탄축하예배는 한국 교회와 분위기가 전혀 달랐다. 정숙한 분위기는 찾아볼 수 없었고, 아기 예수의 탄생을 기념하고 찬양하기보다는 한국에서 젊은이들에게 인기 있는 대중가요와 춤으로 일관되어 있었다. 저마다 막대사탕을 입에 물고 앉아 손뼉치며 동조하는 분위기에 적응하기가 너무 힘들었다.

설교 시간이 되어 처음으로 몽골 학생들 앞에 섰는데 말을 이어 갈 수 없을 정도로 소란했다. 모였다는 게 즐거운 모양이다. 교회인지 시장인지 구분을 못하는 것처럼 보였다. 예배라는 의식도 전혀 없어 보였다. 첫 사역의 시간이어서 나름대로 준비하며 사랑하는 마음으로 왔건만 모든 게 다 물거품이 되는 듯한 절망스러움이 들었다.

그리고 어린 시절 성탄절 때마다 교회 안 다니던 아이들이 행사 때에만 와서 소란을 피워 미운 맘이 들었던 것처럼 오늘도 그랬다. 소리 지르는 수준에 가까운 설교를 마치고 나니 내 목은 더 이상 말을 할 수 없을 정도였다.

이 아이들과 함께 가야 하는 나의 앞날을 상상해 보니 암담했다. 내 힘으로 가능할까 하는 의구심이 들었다. 아직 길들지 않은 야생마와 같은 이 아이들과 함께 뛰며 푸른 초원과 눈 덮인 광야를 달려야 한다. 오늘은 시작일 뿐이다.

아내가 몽골에 오다

2000년 12월 28일, 월

오늘은 한국에 함께 머물던 아내가 몽골에 오는 날이다. 그래서 다소 들뜬 마음으로 집안 청소를 했다. 나를 위해 전적으로 도우미 역할을 하는 몽골 부부가 문을 두드렸다. 공항 길이 막히니 일찍 출발하자고 했다. 차량이 많은 이유가 아니라 무질서하기 때문에 엉키기 시작하면 대책이 없다는 것이다. 그러나 예상한 것보다 너무 일찍 도착해 냉혹한 초저녁 바람을 맞으며 공항에서 대기해야 했다. 공항에는 난방시설이 없어 보였다.

기다림이 지칠 무렵에 아내가 출구를 빠져나왔다. 얼마나 반가운지, 며칠 만에 만났지만, 낯선 땅에서 다시 본다는 것이 새로운 느낌이 들어서인지 시드니공항에서 느껴 보지 못한 색다른 느낌이었다.

오는 길에 집 가까이에 있는 한인 식당에 함께 저녁을 먹으러 들어갔다. 아내는 음식을 주문도 하지 않고 그대로 앉아 있었다. 기내식을 먹었다는 이유였지만 그것이 아니더라도 안 먹는 체질이다.

도착해 다른 부부는 집으로 돌아갔고, 아내는 대충 씻더니 아무 말 없이 방 한 칸의 아파트를 둘러보았다. 짧은 시간 동안 얼굴이 얼어 있었고, 이러한 환경에서 남편이 살아야 한다는 현실이 안타까웠나 보다. 아내는 딱딱하고 냉기가 올라오는 마룻바닥 위에 있는 매트리스에서 잠을 청했지만 내내 잠을 못 자는 듯했다. 몸은 얼음덩이처럼 차가웠다.

또 다른 걱정거리를 안고 몸부림치는 것인지, 철없는 아이와 같은 나의 행동에 한숨을 내몰아 쉬는 엄마 같은 안타까운 심정이 그려졌다.

그토록 원하며 홀로 주님과 씨름하다가 선택한 땅!

흡사한 점을 찾아보기 어려운 새로운 환경에서 살아가야 할 것을 생각하니 그럴 수밖에 없을 것이다.

결혼 후 한 번도 편안한 삶을 제공해 주지 못하다가 쉬어야 할 나이에 당분간 홀로 이 많은 난관을 헤쳐가며 살아야 하는가?

아내는 그렁그렁한 목소리로 잠결에 말하듯 혼잣말로 중얼거리고 있었다. 선교사라는 사명을 따라온 아내지만, 남편이라는 내 입장에서는 한없이 죄인일 뿐이다. 뒤척이는 아내와 미안한 마음에 나도 잠을 이룰 수 없었다.

재래시장에서의 봉변

2010년 1월 12일, 화

오전에 몽골 부부가 와서 나랑톨이라는 재래시장에 함께 갔다. 살림살이가 전혀 없으니, 우선은 필요한 것 몇 가지를 구입하기로 했다. 넓은 야적장 같은 곳에 시장이 형성되어 온갖 물건이 다 있는 장터다. 삶의 모양이 다르기에 눈에 들어오는 물품마다 생소하기만 했다.

우리는 당장 필요한 물건들을 사기 위해 이곳저곳 구경하고 있는데 난데없이 두 몽골 남자가 미끄럼을 타며 달려오는 것을 보았다. 별 신경 쓰지 않고 방심하고 있는데 우리 두 사람에게 달려들어 몸을 치는 동시에 순식간에 몸을 뒤진 것이다. 핸드백과 주머니의 지퍼까지 열려 있었다. 보통 솜씨는 아니었다. 아내는 몇 대 얻어맞았다. 다행히 점포 주인이 소리를 지르는 바람에 그들은 슬며시 돌아갔다. 외국인으로 보이면 타깃으로 삼아 강탈하는 시장이라는 것이다.

이후 몽골 부부가 우리 대신 물건을 사 주는데 보통 값보다 비싸게 받았다. 그래서 그것을 따지니 왜 외국 사람 편을 드냐고 소리를 버럭 질렀다.

다시는 이곳에 오지 않으리라고 다짐하며 집으로 돌아왔다. 나중에 들어 보니 그 시장에는 외국인이 갈 곳이 아니라는 말을 해 주었다. 아내는 황당하고 무섭다면서 내게 신신당부했다.

비싸더라도 다른 곳으로 가라고 …

산등성에 사는 가난한 사람들

2010년 1월 13일, 수

우리는 어제 봉변을 당하고 경황이 없어 집으로 곧바로 들어와서 아무것도 구입하지 못했다. 아내는 한 달 정도 몽골에 있으면서 생활필수품을 구입하려고 했지만, 생각처럼 단순하지 않음에 한숨을 길게 내쉬었다. 중고 가게를 여러 군데 다녀보았지만, 살 것이 없고, 수입품이기에 가격이 상당히 비싸서 포기하고 한국에서 중고 물건을 구입해 보내기로 했다.

오늘은 한국 여자 선교사와 심방을 하기로 했다. 그녀는 우리를 산골짝 마을로 인도했다. 석탄 두 봉지, 나무, 밀가루, 빵, 설탕 등 가난한 가정에 필요한 것들을 사 들고 산비탈을 올라갔다. 내내 내린 눈이 얼어서 도저히 발을 디딜 수 없어 엉금엉금 걷는데 아내는 석탄 봉지를 들고 따라오다가 미끄러져 온통 뒤집어쓰게 되었다. 아무 말을 하지 못하고 바라만 보다가 석탄 가루를 털어 주었다.

출입문 대신 거적 같은 천을 들추며 집안에 들어갔다. 게르(몽골 전통 가옥)가 아닌 아무렇게 통 바람만 겨우 막은 형편없는 움막이었다. 집이라고 정의할 수 없는 집에 들어가니 침침한 촛불을 켜 놓고 무언가 만들고 있었다. 시커먼 기름에 밀가루를 튀기고 있다가 우리가 손님으로 들어가니 그것을 몇 년 동안 씻지 않은 접시처럼 보이는 그릇에 담아 우리에게 건네며 먹어 보라고 했다. 먹었으면 좋겠지만 누구도 감히 그럴 용기를 내지 못했다.

손님으로 온 우리에게 뭐라도 대접하고 싶은 마음에서 주는 것이었다. 그러나 미안하지만, 도저히 받을 자신이 없었다. 그들은 전기도 들어오지 않는 산등성에서 그렇게 살고 있었다. 준비해 간 물건을 주며 빈곤한 그 가정을 위해 하나님께 기도드리고 나왔다. 부유하게 살아오지는 않았지만 이런 가난의 실체가 있음에 다소 놀라고 마음이 아파왔다.

거기에서 가까운 또 다른 집은 조금 더 위에 있었다. 미끄러지며 겨우 올라가 들어가 보니 생후 며칠 안 된 아기가 누워 있었는데 난로에는 불기운이 언제 끝났는지 냉기만 흐르고 있었다. 아이는 검게 찌들고 변색된 투박한 천에 의지해 체온을 겨우 유지하고 있었다.

우리 부부는 아무런 말을 할 수 없었다. 부부가 사랑을 해서 아이를 낳기는 했지만 살아갈 아무런 대책이 없이 추운 겨울, 그것도 박스로 벽을 막았다.

바람에 펄럭이고 있는 움막에서 어떻게 살아갈 것인지 … 침묵 속에 안타까운 마음은 동일했다. 나오면서 몇만 원을 주기는 했지만 그것으로 얼마나 버틸 수 있을지 … 아내는 늦은 시간에 집에 돌아와 허기진 배를 해결하기보다는 조금 전에 다녀온 집들을 생각하며 자기 일처럼 울음을 터뜨리고 말았다. 일종의 문화 충격이었다.

산다는 것이 무엇인가?

생명을 부지한다는 것, 가정을 꾸미고 자식을 키운다는 일이 그리 단순하지는 않지만, 몽골에 와 막상 열악한 현실을 보게 되니 번잡한 생각을 하게 한다.

하나님은 왜 이토록 가난한 사람을 만들었는가?
가난은 어디서 와서 언제 정점을 찍을 것인가?
몇 푼의 동정으로 해결할 수 없는 처절한 가난의 삶을 보면서 나는 어떤 일을 해야 하는가?

한편으로는 내가 이곳에 서 있는 것이 원망스럽기도 했다. 생각이 자꾸만 미궁으로 빠져들어 간다.

아내는 성급하게 몽골에서 출국하여 곧바로 시드니로 돌아가야 한다. 막상 선교사로 이곳에 발을 옮겼지만 후원이 넉넉하지 못한 상태다. 그래서 시드니 집에 유학생 여러 명을 데리고 생활하면서 나에게 경제적 도움을 주어야만 한다. 그 많은 일을 홀로 감당하는 것이 얼마나 육체적으로나 정신적으로 고된 삶인지 알기에 내 마음은 무겁기 한이 없다.

학생들이 다음 방학을 하면 아내는 또다시 몽골에 들어올 것이다. 먼 거리를 오고 가는 여정 역시 수월하지 않은 일이지만 맡겨진 사명을 감당하기 위해 우리 세 식구는 더 많은 수고를 감내해야 할 것이다.

아내의 출국

2010년 1월 22일, 금

오늘은 아내가 예정대로 한국에 가는 날이다. 저녁 비행기로 가기 때문에 우리를 돕기 위해 온 부부는 오전에 쇼핑센터에 가자고 했다. 왜 가자고 하는 지 처음에는 몰랐다. 그런데 막상 도착하더니 아내를 위해 옷을 사 주겠다는 것이다. 아내는 몽골의 온도를 잘 몰라서 한국에 있는 아는 이로부터 옷을 빌려 입고 왔는데 그것으로는 몽골의 강추위를 견딜 수 없는 것을 보아 왔기 때문이었다.

참 어이가 없었다. 그렇게 초라하게 보였나 하는 부끄러움으로 아내의 얼굴이 붉어졌다. 괜찮다고 해도 막무가내였다. 실제로 살 것도 없지만, 결국 캐시미어 모자와 목도리를 선물로 받았다. 우리를 배려하는 그들의 마음에 감사했다.

오후에 집에 와서 아내가 김밥을 만들어 그 부부를 대접하고 시간에 맞추어 공항으로 출발했다. 짧은 시간이지만 금방 지나게 되어 아쉽고 무척 섭섭했다. 아내는 그동안 몇 번 빙판에 미끄러져 무릎에 퍼렇게 멍이 들어 있었고, 광대뼈는 얼어 있었다. 당뇨가 심한 아내가 더 있다 가는 큰 일이 일어날 것 같은 염려 때문에 더 있으라고 붙잡을 형편도 못 되었다. 한시라도 빨리 가야 내 마음이 편할 것 같았다.

대합실에는 사람이 없었다. 겨울이라 그런가 싶어 시간을 보니 오후 8시에서 12시로 연기되었다는 것이다. 기상 악화가 그 이유였다. 겨울에는 50퍼센트도 넘게 운항 스케줄이 바뀐다는 직원의 말을 들었다. 함께 온 몽골인 부부는 그때까지 기다리겠다고 했지만 난방 시설이 없는 철 의자에서 네 시간 이상을 기다리게 하는 것은 무리였다.

잠시 후 한국말로 통화하는 한 몽골 여성이 있어서 이야기했더니 아내가 묵고 있는 선교관 방향에 살고 있다는 것이다. 그것을 들은 아내는 우리에게 돌아가라고 했다. 두 사람이 친구 삼아 이야기하면서 함께 한국에 가면 되리라 생각을 한 것이다. 미안한 마음은 많았지만 다른 두 사람 때문에 어쩔 수 없는 상황을 마지못해 밀려 나왔다.

밤새 염려하다가 다음 날 일찍 전화했더니 말을 못했다. 밤 12시에 출발하기로 한 비행기가 새벽 4시에 출발했다는 것이다. 난방이 들어오지 않는 대합실에서 모든 사람이 추위에 떨었고, 따듯한 커피 한 잔 살 만한 시설이 없는 국제공항이었기 때문이다. 손발은 물론 온몸이 얼어 버렸다고 했다. 두꺼운 코트도 없이 얼마나 고생했을까 하는 생각에 가슴이 무너질 듯 아픔이 엄습했다.

택시 기사의 횡포

2010년 2월 5일, 금

　울란바토르대학교에서 언어 수업을 받기 위해 다니는 일이 쉽지 않았다. 버스 노선이 맞지 않아 두 번을 갈아타야 한다. 그러다 보니 가까운 거리인데도 적지 않은 시간이 소요된다. 급하면 택시를 타곤 한다. 별 차이가 없는데도 택시를 자주 못 타고 다닌다.

　오늘은 좀 늦장 부리다가 늦어서 택시를 탔는데 무슨 이유인지 다른 길로 계속 가고 있었다. 그래서 더듬거리는 말로 이 길이 아닌데 왜 이렇게 가느냐고 했더니 차가 많이 막혀서 빠른 길로 간다고 하는 것 같았다. 결국 학교 앞에까지 와서 두 배의 요금을 요구했다. 외국인들에게 터무니없는 바가지요금을 요구하고 거절할 때는 폭행을 당하니까 달라는 대로 주라는 말을 이미 들었기에 울며 겨자 먹기식으로 주고 내렸다.

　아는 선교사 부인은 몽골어를 잘하는데도 택시비 시비로 얼굴을 맞아 병원에 입원까지 했다는 말을 들었다. 국민이 신뢰할 수 있는 온전한 법치 국가가 되려면 아직도 멀기만 한 이들의 거칠고 무지한 문화가 언제나 변할 것인지 안타깝기만 하다.

　하지만 이 지구상에 존재하는 국가 가운데 유토피아가 있겠는가?

　돈보다 사람의 자존심을 상하게 하는 것이 얼마나 수치스러운 일인지 알지 못하는 몇몇 몽골인, 이들의 생각 속에 무엇이 있는지 모르겠다.

어찌하든 외국인에 대해 돈을 강탈해서 살아도 되는 비윤리적인 악습이 가련하기만 하다.

처음 맞는 몽골 설날

2010년 2월 14일, 주일, 설날[차강사르]

몽골은 같은 동양 문화권이기에 설날(차강사르)을 대대적으로 지킨다. 예전에 한국에서 지내던 것과 흡사함을 볼 수 있다. 요즘 한국에서는 서구화되어 예전처럼 복잡하지 않은 것 같다. 오히려 긴 휴가 기간을 통해 해외여행을 떠나는 신풍속도가 나타나고 있음을 볼 수 있다.

몽골인들은 설날 전후로 전통 옷(델)을 입고 거리를 누비고 다닌다. 신발은 추운 지방이기에 양털이나 소가죽, 혹은 캐시미어로 만든 롱부츠를 신고 뒤뚱거리며 양옆으로 흔들며 걷는다. 설날이 되기 일주일 전부터 설날을 준비하기 위해 쇼핑을 하고, 만두를 수천 개씩 빚어 냉동고 혹은 더 차가운 베란다에 내놓는다.

오늘은 주일이면서 설날이다. 교회에 갔더니 백 오십여 명이 모이던 교회에 이십 명 정도밖에 오지 않았다. 지난 주일에 담임목사는 광고 시간에 예배가 설날보다 중요함을 말했지만, 아직 그 정도의 기독교 문화가 정착되지 못한 분위기다. 거리는 텅 비어 있었고 버스 안에도 손님이 몇 안 되었다. 평소 예배 시간보다 삼십 분 정도 늦게 시작해도 더 오는 발걸음이 없었다. 키보드나 드럼, 컴퓨터까지 명절을 쇠러 간 모양이다.

예배 후 설 인사를 나누었다. 양팔을 붙들고 얼굴을 양 볼에 대며 건강을 비는 인사를 나누었다. 예배 후 몇몇 가정에서 식사하러 오라고 해서 시간을 정한 후 호기심이 충만하여 출발하게 되었다. 커다란 식탁에는 넓적한 과자로 단을 쌓고 그 안에 사탕이나 우유 말린 제품 등을 올려놓는다. 그리고 삶은 양 한 마리가 식탁에 버젓이 올려져 있다.

처음에는 우유 차(수태차)를 나눈 후 다양한 샐러드와 간단한 음식을 먹게 된다. 그 후에 고기 기름으로 빚은 만두를 먹으며 한 해의 건강을 빌며 손으로 먹는 게 전통 방식이다. 마지막으로는 양 엉덩이 부분의 흰 기름을 잘라 한 점을 나누어 먹고, 다음에는 고기를 먹는 순서로 되어 있다.

나는 기름진 고기를 좋아하지 않아 조금 먹는 둥 마는 둥 하니 김과 김치를 가져왔다. 만두도 기름 냄새가 역겨워 두 개만 먹으니 좋아하지 않는 눈치다. 온통 기름 덩어리다. 식사를 마친 후 간단한 덕담을 나누고 주인 어른과 다시 인사를 할 때 약간의 돈을 준다. 그러면 주인집에서는 두 개의 답례품을 선물한다.

이렇게 세 집을 돌았더니 저녁에는 뱃속에서 전쟁이 나고 말았다. 소화제를 먹어도 밤새 화장실을 들락거려야 했다.

게르 가정 방문
2010년 2월 15일, 월

몽골의 설날은 일주일 정도까지 지속된다. 첫날은 가족 중심으로, 둘째 날은 친척 중심으로, 셋째 날부터는 가까운 친구나 이웃, 이런 식으로 배정되어 있다.

이른 아침 부목사의 집에 가기로 했다. 여전히 도로는 한산했다. 설날 축제로 인해 평상시보다 술과 음식을 더 많이 먹어서 그런가 하고 생각하며 담임목사인 한국 선교사 가족과 함께 갔다. 그곳은 게르촌이라 해서 게르가 모여 있는 동네다. 게르에는 수도 시설이 없어 1킬로미터 안팎의 공동 펌프장에서 길어 와야 하고, 화장실도 마당 한 편에 있어 겨울이면 쉽지 않은 불편한 생활 구조다. 아직도 몽골에는 70퍼센트 정도가 게르에서 살고 있다고 전해 들었다. 어려서부터 익숙한 생활이어서 불편함을 모른다고 말은 했다. 그럴 수도 있겠다는 생각이 들었지만 그렇게 답변하는 속내는 정확히 알 수 없었.

부목사는 십일 년 아래인 부인과 지난해 결혼해 막 태어난 아이가 있고 장모와 함께 한 게르 안에서 오손도손 살고 있다. 게르에서는 5명에서 8명이 산다고 한다. 상상만 해도 불편한 일이 한 두 가지가 아닐 것이다. 신혼집이어서 그런지 게르가 말끔했고, 바닥도 장판을 깔아 휴양지 같은 느낌이 들어 인상적이었다.

넉넉하지 못한 살림이지만 설날을 지내는 데는 아끼지 않는 풍습이 한국인과 다를 바 없었다. 정성껏 준비한 음식들이 깔끔했지만, 속이 여전히 불편해 조심스레 식사를 마치고 이야기를 나누다가 돌아왔다.

돌아오면서 부목사의 인상이 누가 봐도 험상궂게 생겼다고 선교사에게 말했더니 아내가 상당히 힘들어한다고 했다. 한 쪽 귀는 안 들리고 다른 쪽은 반 정도밖에 못 듣는 청각 장애인인 데다가 예전에 알아주는 싸움꾼이었다는 것이다. 그런데 예수를 믿고 신학교를 다니는 것이 은혜라고 말했다. 불필요한 선입견을 버리라는 경고처럼 들렸다.

하지만 아직도 신학교에서 몇 번이나 충돌이 있어 학교 교수들이 곤욕을 치렀다고 한다. 가족이나 다른 사람들만 아니라 하나님도 다소 힘드시겠다는 생각이 나도 모르게 스쳤다.

무당에서 하나님 백성으로

2010년 2월 16일, 화

설날 분위기가 거의 끝나가는 시점이지만 내게는 아직 끝나지 않았다. 오늘은 담임선교사와 도심에서 50킬로미터 떨어진 시골에 가기로 했다. 흐릿한 하늘에서 듬성듬성 내린 눈이 조금씩 바람에 실려 날아다녔다.

오늘 심방 대상자는 환갑을 지낸 구역장이다. 그녀는 딸과 함께 하루에 두 번 운행하는 버스를 타고 교회 출석을 하고 주중에는 구역장으로 수고하고 있는 교인이다. 한때 의사로 재직하다가 어느 순간 무당이 되었는데 갑자기 중학생인 예쁜 딸이 귀신이 들렸다고 한다. 의사로서 치료에 힘을 썼지만 고치지 못해, 얼마 되지 않는 재산을 다 털어 여러 번 굿을 해도 낫지 않으니 교회에 나오기 시작한 지 팔 년째라고 한다.

다 쓰러져 가는 움막에 앉아 있기조차 힘든 환경이었다. 이것저것 준비한 음식이 나오기 시작하는데 보기만 해도 도저히 먹을 수가 없었다. 음식 솜씨가 제로인 스타일이었다. 그렇게 식사를 마친 후 그녀의 간증과 삶을 통역을 통해 듣고 있는데 얼마나 처참하게 고생했는지 가슴이 먹먹하고 눈물이 나올 정도였다.

본인의 말로 무당 체질이 아니어서 그렇게 고생했다는 말이다. 한때는 전신 마비가 와서 그 후유증으로 지금까지 한 쪽 다리를 절고 다닌다. 하지만 감사한 일은 딸이 교회를 다니면서 정신병이 조금씩 나아지고 있다는 것이다. 우리는 돌아가면서 안수기도하고 일일 부흥회를 하고 나왔다.

선교사의 작은 차가 미끄러져 위험에 빠질 정도로 바람이 불고 눈이 점점 더 많이 내리고 있었다. 안전장치가 없는 시골길이어서 사고가 잦은 곳이라는 위협적인 말을 하면서 힘겹게 집에 도착하게 되어 감사했다. 선교사는 이 가정을 위해 늘 기도하고 간혹 심방을 한다고 했다. 그 같은 열심으로 한 가정을 하나님 앞으로 인도하게 된다는 사실 앞에 부끄러운 마음이 들었다.

주님!

저에게도 이 선교사의 열정을 허락해 주옵소서!

집에 돌아와 밤에 이런 고백을 몇 번이나 반복했다.

교회 캠프
2010년 3월 12일, 금

계절로 보면 봄인데 듬성듬성 서 있는 나무에 다가가 가지를 보면 아직 움틀 기미가 없다. 준비는 하고 있겠지만 아직 겨울을 품고 있었다. 하지만 봄을 이기는 겨울이 없다는 말이 떠올랐다.

오늘은 교회 캠프를 가는 날이다. 처음 참석하는 몽골교회의 2박 3일 캠프라서 호기심이 가득했다. 무엇보다 두 편의 설교와 두 번의 상담 세미나를 해야 하는 게 부담스러웠다. 통역자가 시간이 맞지 않아 세미나는 영어로 해야 했다. 세 시간 분량을 영어로 준비하는 것이 쉽지 않았고, 영어로 세미나를 인도해야 하는 나는 물론이고, 통역하는 통역자도 그다지 잘하는 편이 아니어서 걱정했다.

그러나 시간은 어김없이 다가와 보이지 않는 땀을 흘리며 열강을 했다. 성도 가운데 미국에서 온 몇 사람이 있어 통역자가 가끔 실수하면 수정을 해 주기도 했다. 하지만 처음 듣는 가정 세미나에 대해 많은 것을 배우게 되었고, 은혜를 받았다는 말로 나를 격려해 주었다.

다양한 프로그램 가운데 내가 이해할 수 있는 유일한 부분은 찬양이었다. 그런데 교인들은 열정적인 찬양을 하며 울기도 하고 중간중간 기도를 했다. 이들의 마음 깊은 곳에 풀어야 할 부분이 많이 있기에 찬양을 통해 은혜를 받는다는 것은 중요한 일이라고 생각했다. 시간마다 간식과 식사는 아직 적응하지 못하는 부분이었다. 나를 배려하는 마음으로 별도로 야채 몇 가지를 준비해 온 것에 감동스러웠다.

첫날 프로그램을 마치고 잠자는 시간이 되었다. 세 가정의 목사 부부를 위한 방을 별도로 하나 준비해 주었는데 사모와 아이들까지 함께 자야 했다. 침대가 없는 맨바닥에 침낭을 깔고 자야 한다. 그런데 옷을 갈아입는 것부터 불편함이 있어 머뭇거리고 있는데 사모들은 등을 돌린 채 서슴없이 갈아입었다. 목사들도 별 거침이 없었다.

얼마 전 아내가 보내온 바지를 수선하기 위해 수선집에 갔더니 한 방에 여자 재봉사들이 다섯 명이 있었다. 그런데 탈의실이 없이 그 자리에서 갈아입으라고 해서 민망스럽게 갈아입은 적이 있던 기억이 났다. 물론 여자들도 속옷을 보이며 갈아입는 것을 보았다. 그뿐만 아니라 게르 가정을 방문하는 동안 밖에 나갔다 온 여학생이 등을 돌리지도 않고 옷을 갈아입는 것에 내 얼굴이 붉어진 적도 있다. 너무 자연스러운 이들의 문화를 어떻게 받아들여야 할지 당황스러웠다.

캠프 기간 내내 교인들은 혼자 몽골에 와 사는 것이 신기해서인지 아니면 불쌍해서였는지 시간마다 곁에 와 앉아 많은 이야기를 하려고 시도했다. 그 덕분에 사람들을 더 친숙하게 아는 시간이 되었고 궁금했던 나에 대한 신앙적 배경이나 삶을 나눌 수 있는 좋은 시간이 되었다.

아침에 눈을 뜨자마자 화장실에 가 보니 정신이 없었다. 샤워장은 아예 없었고, 남녀 구별이 없이 단 하나뿐인 화장실을 공유해야 했다. 대학교 건물 안에도 마찬가지이기는 하지만, 이러한 색다른 원시 문화에 어떻게 동화되어 살아가야 하는지 머뭇거릴 수밖에 없는 일이다. 몽골에서는 지하수를 쓰기 때문에 여름에도 찬물에 세수를 못 할 정도인데 추운 겨울에 더운물 한 방울 없이 세수하고 양치질해야 한다. 계속 내가 살았던 환경과 대비하는 습관이 부담스러웠다.

오전 프로그램 중에 한 청년이 소리를 쳤다. 밖에 눈이 오기 시작한다는 것이다. 눈밭에 사는 사람들이, 어찌 보면 눈이 지긋지긋할 수도 있는데 모두 박수를 치며 좋아했다. 등받이가 없는 불편한 의자에서 탈출하고 싶은 마음도 있으리라 여겼다. 눈은 함박눈이 되어 순식간에 한 뼘 정도 쌓여 있었다. 약속이나 한 듯이 모두 밖에 나와 작은 마당에서 '뱀 꼬리 잡기' 게임을 하며 흥겨워했다.

저녁 식사 시간에 담임목사인 한인 선교사가 캠프장에 들어왔다. 남부 사막에 행사가 있어 다녀오는 길인데 쉬지 못하고 와서 초췌한 얼굴에 곧 쓰러질 듯해 보였다. 하지만 저녁 설교를 통해 지금까지 하나님 앞에 잘못 행한 일들, 몽골인들을 진정으로 사랑하지 못한 점들을 눈물로 고백하는 설교였다.

여기저기에서 훌쩍거리는 소리에 마음이 울컥했다. 그는 몽골어로 설교하기 때문에 구체적으로 내용을 이해하지는 못했지만 지금까지 선교 활동에서 상처받은 것들, 오해받은 부분들로 힘들어하며 갈등을 했고, 그러다 보니 저절로 사람들을 미워했다는 내용임을 알 수 있었다. 그러던 중 갑자기 강단 한 편에 무릎을 꿇더니 내게 안수기도해 달라고 부탁했다. 나는 혼자 하기 쑥스러워 함께 나와 기도하자고 했더니 전부 나와 주변에 손을 펴고 함께 기도했다. 이 기도의 불길은 밤새 꺼지지 않고 지속되었다.

술과 담배 냄새로 찌든 중년의 조폭 출신과 폐암 말기 환자에 이르기까지 안수기도와 찬양은 밤이 깊어 가는 줄 몰랐다. 편도가 약한 나는 더 이상 소리가 나오지 않을 정도로 쉬어 있었지만, 이들의 열정 앞에 오히려 내가 은혜를 받고 있었다. 이 은혜의 물결이 진심이 담긴 영적인 물결이 되기를 바랐고, 또한 지속해서 연결되기를 기도했다.

그러면 이 땅에 희망이 보이지 않겠는가?

한국어반 개설

2010년 3월 19일, 금, 눈

며칠 전 선교사들을 만날 기회가 있었다. 내 나이 또래 선교사에게 몽골 언어 습득에 대해 이야기를 나누었다. 그는 솔직한 자기 심정을 토로했다. 11년 된 선교사인데도 일상생활에는 별문제가 없지만 아직도 대중 앞에 설교나 학교 강의는 통역을 써야 한다고 했다. 발음이 가장 문제라는 것이다. 발음 때문에 이해가 안 되는 언어가 몽골어이고, 세계의 모든 언어 발음이 몽골어에 들어 있다는 것이다. 그러면서 내게 몽골 청년을 선별해 한국어를 가르쳐서 사역에 투입하는 것이 지름길이며 효과적이라는 말을 조심스럽게 해 주었다.

그의 조언은 나를 조금 편안하게 했다. 그래서 교회에 있는 네 명의 자매들에게 이야기했더니 너무 신나서 날뛸 정도였다. 세 명은 미혼이고 한 명은 기혼이었다. 인터넷에서 교재를 출력해 작은 책을 만들어 준비했다. 두 시간 수업이지만 개인적인 질문과 또한 교제의 시간까지 포함하면 거의 하루를 다 소모해야 했다. 피곤하고 무언가를 해 먹어야 하는 번거로움이 있지만 이들을 가르쳐 놓으면 내가 아니더라도 쓰임 받을 수 있다는 선교적 관점으로 시작하기로 했다.

기초부터 해야 하는 학생부터 짧은 시간이지만 언어 학당에 다닌 학생에 이르기까지 수준이 다양했기에 개인적으로 가르쳐야 했다. 수업료는 무료이고 간식이나 식사까지 제공해 주니 청년들에게는 좋은 시간이 아닐 수 없다. 받기만 하는 습성을 한국 선교사들이나 한국 교회들이 심어 준 폐단이 있기는 하지만 아직은 자립할 능력이나 환경이 되지 못하니 도와주는 차원에서 봉사할 수밖에 없다.

그러나 다른 한편으로 보면 그다지 바람직한 일은 아니다. 어느 문제나 장단점이 있기 마련이지만 시작한 일에 대해 보람을 갖고 더욱 헌신하다 보면 언젠가는 귀한 결과를 얻게 될 거라는 막연한 기대를 해 본다. 시드니에서 오랜 기간 동안 한글학교를 운영해 온 경험을 다시 선교지에서 재개한다는 기쁨이 있었지만, 첫날이어서 그런지 피곤이 엄습해 왔다.

깔끔한 김 목사

2010년 3월 20일, 토

토요일마다 청년 모임이 있는 날이어서 모든 순서를 마치고 우리 모두는 교회 식당에 내려와 따뜻한 우유 차를 마시고 있었다. 마침 주방장이 있어서 청년들이 배고프다고 했더니 초이 왕(몽골 식 마른 칼국수)을 해 주었다. 열댓 명이 함께 먹을 만한 찌그러진 커다란 쟁반 위에 포크 하나만 달랑 올려져 있었다. 대체로 그렇게 먹는다고 했다.

내게 먼저 먹으라고 해서 조금 맛을 보고 포크를 다른 청년에게 넘겨주었다. 그렇게 한입씩 먹고는 계속 돌아가면서 먹고 있었다. 다시 내 차례가 돌아오자 나는 안 먹겠다고 웃으며 거절했다. 맛이 없어서 그러냐는 말에 생각이 없다고 했더니 한쪽에 앉아 있던 수위 아주머니가 김 목사님은 깔끔한 분이어서 우리가 이렇게 먹는 것을 좋아하지 않는 분이라고 했다.

다른 청년들은 그 말을 어떻게 알아들었는가?

그리고 들었다면 마음이 어떻겠는가?

이런 표정으로 나를 바라보고 있었다. 그래서 얼떨결에, 그런 것이 아니라 … 말을 계속할 수 없었다. 적당한 단어를 찾지 못할뿐더러 딱히 변명하기가 마땅치 않았다.

결혼 전 아내와 데이트를 할 때도 식당 음식을 잘 먹지 못했다. 식당에 대한 잘못된 선입견과 과민성으로 복통을 호소해야 했기 때문이다.

가난한 시절을 겪으면서도 길거리 음식을 생각 없이 먹는 친구들이 부럽기도 했다.

몽골에 와서 보니 물을 길어 먹는 것 때문에 한 바가지의 물로 기름기 있는 그릇을 닦는 것을 보고 기절할 정도였다. 한두 가정이 그런 것이 아니라 많은 가정이나 교회에서도 그랬다. 그러한 선입견이 이미 내 머리에 입력이 된 상태라 되도록 인사치레 정도로 음식을 먹겠다는 생각이 가득했다.

집에 와서 혼자 생각하니 수위 아주머니로부터 한 대 얻어맞은 느낌이었다. 자기들과 함께 일하러 온 사람이 어찌 하나가 되지 못하냐는 원망이 가득 담겨 있는 메시지로 느껴졌다. 틀린 말이 아니라 더욱 미안한 마음이 들었다.

선교지 상황에 맞는 생각과 문화의 옷을 입어야 하는데 여전히 아집에 묶여 있는 나를 보게 한 것이다. 그래도 음식은 속으로 들어가는 것이고 건강과 직결된 문제가 아닌가 하는 변명도 함께 쏟아져 나왔다. 하지만 로마에 가면 로마의 법을 따라야 한다는 말처럼 선교지에 왔으면 이들과 동화되기 위해 최소한의 마음가짐과 행동이 있어야 할 것이라는 결론을 갖게 되었다.

공과금 내는 번거로움
2010년 4월 6일, 화

매월 은행에 가서 지불해야 하는 공과금은 내게 적지 않은 스트레스다. 은행 창구에 서서 집 고유 번호를 주면 이번 달에 얼마가 나왔다고 계산기로 숫자를 가르쳐 준다. 다른 말이 필요 없이 서서 기다리면 된다.

그런데 줄을 서거나 번호표를 주는 기계가 있는 것이 아니다. 출입문을 열고 밀치고 들어와 혼잡한 틈을 헤집고 창구로 들이닥치는 형식이다. 물론 외국인인 내게만 해당되는 일이 아니다. 전체적으로 사람들의 성향이 그렇기에 서로 큰 소리로 싸움까지 벌인다. 내가 서 있으면 무조건 내 앞에 모른 척하며 서 있다.

오늘은 다행히 내 뒤에 서 있던 친절한 몽골 아가씨를 만나게 되어 그 아가씨의 도움으로 새치기하는 사람들에 대해 호통을 치기도 하고 공과금 내는 일을 도와주었다. 보통 30분 정도는 서 있곤 한다. 어느 때는 포기하고 나갔다가 거의 끝날 때쯤 다시 온다. 더욱 힘든 일은 중국인을 몹시 싫어하는 몽골인들에게 중국인처럼 보이는 나는 일종의 놀림감이 되곤 한다. 집단 조롱을 당하기도 했다. 한 명이 뭐라고 하니까 주위에 있던 사람들이 야유를 터뜨린다. 남의 땅에 사는 대가를 치러야 하지만 이렇게 비인간적인 처사는 어디에서도 받아 보지 않았다.

언제 공공질서가 좋아질 것인가?

무질서, 조롱 등의 문화 가운데 살아가야 하는 것이 선교사인가 보다.

옛날, 한국 선교 초창기 때 눈이 퍼런 외국인들에 대해 노골적으로 무시하고 골탕을 먹인 기록을 읽어 보았다.

그러니 인과응보가 아니겠는가?

그런데 지금은 21세기가 아닌가?

내가 어렸을 때 한국의 문화 의식 수준과 거의 흡사한 면을 많이 보게 된다. 그렇다고 우리 민족이 이 사람들보다 그렇게 월등한 것 같지는 않아 보인다. 한국에서 태어나 호주에서 오랜 세월을 살다가 다시 몽골의 특수 상황 가운데 서 있다. 어쩌면 뒷걸음질한 문화에 대해 적응을 못 하고 있는 것이다. 삼중 문화의 이질감을 느끼며 살고 있지만 우리도 그러했다는 것을 새삼 짐작하게 되는 시간이다.

옆집 할머니
2010년 4월 10일, 토

옆집은 내가 살고 있는 아파트와 같은 구조인 방 하나 거실(몽골에서는 방 두 개라고 한다)에서 여덟 명이 살고 있다. 늘 소란한 아이들의 울음소리, 한밤중에도 쿵쾅거리며 뛰어노는 소리가 있어 덜 외롭다. 옆집에 할머니께서 사신다. 그래서 아이들에게 줄 과자 한 봉지 사 들고 노크하니 할머니가 반가이 맞는다.

몽골어로 이름을 여쭈니 '네르구이'(=무명)이었다. 이름이 없다는 말이다. 나중에 알고 보니 그런 식의 이름을 가진 어른들이 많았다. 모든 환경이 열악하다 보니 아이 낳다가 죽기도 하고 또 아이를 낳은 후 아버지라는 사람이 어디론가 가 버리고 나니 이름을 지을 경황이 없이 살았기 때문이다.

나이를 물으니 나보다 다섯 살 많은 어른인데 난 일흔이 훨씬 넘은 줄 알았다. 할머니는 내게 몇 살이냐고 물어 와서 답을 했더니 믿지 못했다. 거짓말이라는 것이다. 그래서 한국 사람들이 몽골 사람보다 더 오래 살고 고기를 잘 안 먹어서 어려 보인다고 설명했지만 그래도 의아해했다.

그러던 중 예쁜 얼굴을 가진 젊은 여인이 들어왔다. 그녀는 친절하게 인사하며 만나서 반갑다고 한국어로 말했다. 깜짝 놀라 물으니 한국에서 삼년 동안 일하다가 왔다는 것이다. 아직 남편은 한국에 있다고 했다. 한국의 물을 마신 사람들은 무언가 좀 다른 느낌이다. 세련되고 화장도 잘하고, 옷매무새도 눈에 띄게 달라 보인다.

한국에 다녀온 사람들의 유형은 다양하다. 일하기 위해 갔다가 비자 기한을 넘겨 온 사람, 학생으로 공부하고 온 사람, 정부에서 파견해 다녀온 사람들 그리고 작은 무역을 위해 여러 번 방문하며 오가는 사람이 있다.

그런데 한국 공장에서 막일하면서 한국 사장으로부터 비자가 만료된 이유로 월급을 떼이고 욕설만 배우고 온 사람들은 한국 사람을 몹시 증오하는 편이다. 내가 지나가면 한국의 욕설을 퍼붓기도 한다. 얼마나 한이 맺혀서 그럴지 마음이 아프고 미안하다.

할머니는 젊어서 첫 번째 남편으로부터 두 명의 아들을 낳았고, 두 번째 남편에서 딸 하나와 아들을 낳았다고 했다. 하지만 남편이란 존재를 모르고 아이들만 힘겹게 키워 온 가련한 인생이었다. 그런데 그런 가족이 몽골 안에 한둘이 아니라는 점이 더 가슴 아픈 현실이다.

지방 교회 방문

2010년 4월 18일, 주일

그동안 몇 차례 주일 설교를 부탁 받았지만, 시간이 잘 안 맞고 가야 할 교회들을 다니느라 못 가서 미안한 마음이 많았는데 오늘이 가는 날이다. 어제 교회를 찾아가는 방법을 듣기는 했지만, 초행길이어서 들어도 모르고 또 그들이 말하는 것을 쉽게 알아들을 수 없어 더욱 난감함이 들었다.

하지만 버스 번호를 확인한 후 승차했다. 옆 사람에게 몇 번이나 귀찮게 물어보다가 내리고 다시 다른 버스를 갈아타야 하는 쉽지 않은 여정이었다. 어렵사리 한 시간이 지나 버스 종점에 내렸더니 한 학생이 마중 나와 인사를 했다. 그 학생은 수줍음 때문인지 말없이 계속 앞서 걸어갔다. 한참 후에 교회가 언덕에 보이기 시작했다. 이 학생이 나오지 않았으면 몹시 고생을 했겠다고 생각하며 고마운 마음에 가방 안에서 사탕 몇 개를 집어 주었다.

교회 문을 열고 우리가 오는 것을 본 교인들은 마당에 나와 환영의 인사를 했다. 얼마나 감사한 일인지 감당할 수 없었다. 그만큼 찾아가기가 수월치 않은 도시에서 멀리 떨어진 곳이다. 나는 어쩌다 한 번이나 가면 되지만 교회를 오는 교인들이나 그 지역에 사는 주민들이 종점에서부터 걸어 다니는 것을 생각하니 국가 정책의 미흡함과 무관심이 원망스러웠다.

비가 오거나 눈이 내리는 악천후에는 어떻게 다니겠는가?

설교는 통역을 포함해서 40분 정도 하는 편인데 담임 여 전도사는 너무 짧게 했기 때문에 하나 더 하라고 했다. 그랬더니 이십여 명이 되는 교인들이 환영의 박수를 보냈다. 결국 나의 신앙 여정과 몽골에 오게 된 동기 등을 엮어서 간증했다.

설교 도중에 전도사는 난로에 나무를 넣어 연기를 피웠지만 어쩔 수 없는 상황이었고, 또 난로 위에 솥 하나를 올려놓고 음식을 끓이기도 했다. 예배 후 먹을 양식이었다.

설교 후 여덟 분의 노인들을 위해 안수기도를 해 주고 아이들의 머리에 손을 얹고 일일이 축복기도를 했다. 교인들은 나의 방문에 대해 너무 반가워하며 기뻐했지만, 장거리를 버스로 다니는 일이 쉽지 않았다. 교인들의 아쉬워하며 또 오라는 인사말에 선뜻 대답하지 못하고 교회 마당을 빠져나왔다. 돌아오는 길도 쉽지 않았다.

버스 정류장까지 걸어오는 동안 돌풍과 황사 바람이 극심하게 불어 검은 양복이 금빛으로 바뀌고 온 머리와 얼굴에 흙먼지가 겹겹이 엉겨 붙어 버렸다. 집에 와 양복을 털어 보았지만, 방법이 없었고 샤워를 한 후 거의 실신한 상태로 쓰러지고 말았다.

황사 바람의 발원지
2010년 4월 21일, 수

몽골의 기후는 사람이든 동식물이든 살아가기가 쉽지 않을 정도로 최악인 듯하다. 몽골의 동쪽은 풀꽃이나 나무가 없는 모래사막이다. 북서쪽 지방에서 카자흐스탄 국경에 이르기까지 알타이산맥이 형성되어 있다. 그리고 울란바토르에서 남쪽으로 내려가면 갈수록 사막은 심각한 수준이다.

봄이 되면 남방 중국에서 불어오는 건조한 바람과 시베리아에서 내려오는 찬 바람이 몽골에서 맞부딪혀 돌개바람을 일으킨다. 울란바토르 도시나 외곽에는 나무가 없어 바람막이를 할 만한 것이 없어 그 모든 바람을 다 맞아야 한다.

봄이나 가을에 바람이 심할 때는 자동차들이 주행을 멈추기도 하고 거리를 다니는 행인들은 한쪽 모퉁이에 흙먼지 바람을 피해 있곤 한다. 그리고 도로에 있는 먼지와 쓰레기들이 하늘 높이 치솟아 올라가는 것을 종종 볼 수 있다. 남부 고비로부터 중국(내몽골)에 이르기까지 가장 극심한 지역이다. 그런 연유로 한국과 몽골을 잇는 항공기가 결항과 지연이 자주 있게 게 된다.

돌개바람은 지면에 있는 모든 흙과 모래를 휘감고 올라가 기류를 타고 남하하게 된다. 이것이 중국과 한국에 일어나는 황사 현상이다. 황사의 발원지는 몽골인 셈이다.

몽골이 갈수록 사막화 현상이 깊어 가고 있다. 이것은 몽골만의 문제가 아니라 중국과 한국에 미치는 악영향이 아닐 수 없다. 그래서 한국 뉴스를 보면 마스크를 쓰고 다녀라, 외출을 금하라, 황사에 좋은 음식은 이것이다 등 많은 내용을 읽게 된다.

그때마다 한국인들이 너무 민감한 것인지, 엄살을 부리는 것인지 …. 물론 이곳 상황을 모르기 때문에 건강을 위해 예방 차원에서 그렇게 알릴 필요가 있다. 거기에 비해 몽골인들은 마스크를 쓰지 않고 다니는 모습을 볼 수 있다. 한국 사람들도 쓰지 않는다. 몽골인들이 마스크를 쓰고 가는 한국인을 향해 쓴소리했다는 말을 들었다. 유난을 떨지 말라는 식이었다. 입 안에 흙이 지글거리고 귀와 코에서 나온 흙먼지가 한 움큼이 되는 척박한 환경에서 하루하루 살아간다는 것은 수월한 일은 아니다.

몽골인들에게 대표적인 질병이라고 하면 지하수에 섞여 있는 석회석으로 인한 신장병과 위생적인 문제로 발생하는 C형 간염이나 간암 그리고 황사와 석탄 연기로 인한 호흡기와 폐와 관련된 질병 등이라고 한다. 통계에 의하면 울란바토르 도시 안에 사는 사람은 한겨울 동안 35킬로그램의 석탄 연기를 마시고 있다는 것이다. 간혹 한국 선교사들이 건강 진단을 받으면 담배를 끊으라는 판정을 받는다고 한다.

하루속히 몽골의 환경이 개선되고 건강에 대한 대대적인 홍보를 통해 평균 수명 60세에서 70-80세로 높여야 할 것이다. 그리고 병원 시설도 대폭 개선하고, 의료진의 수준도 질적으로 향상해야 할 것이라고 본다. 매일 마시는 식수에 대한 염려가 있고, 겨울마다 마시는 석탄 연기로 불안해하고, 또 봄과 가을에 휘날리는 흙먼지로 건강에 대한 민감함이 있다.

그런데도 지금까지 건강하게 지내며 사역할 수 있다는 것에 감사해야 하지 않겠는가?

병문안 온 청년들
2010년 4월 22일, 목

지난 주일예배드리고 오는 길에 심하게 맞은 황사 바람에 삼 일 동안 거의 초주검 상태에 빠져 있었다. 침대에서 일어나지 못했고, 음식은 입에 대지도 못했다. 간혹 울리는 전화벨 소리도 못 들을 정도로 몸살을 앓고 기진한 몸을 겨우 일으켜 세웠다.

반나절 수명을 가진 중고 전화기는 밧데리 충전을 하지 않은 탓에 꺼져 있었다. 충전기를 꽂은 후 얼마 되지 않아 전화가 빗발치듯 울렸다. 가깝게 지내는 교인들이 염려하는 마음으로 애를 태우며 하루에도 몇 번씩 연락했다는 것이다. 몸살을 앓다가 이제 일어났으니 걱정하지 않아도 된다고 하며 통화를 끝냈다.

점심시간이 지나서 청년 네 명이 들이닥쳤다. 반탕이란 죽을 끓여 왔다. 아직 세면도 못 한 상태로 멍하니 앉아 있다가 손님을 맞게 되어 얼마나 당황스러웠는지 모른다. 급하게 화장실에 들어가 고양이 세수를 하고 나왔다. 수저를 가져와 내게 그 죽을 먹으라고 했다. 반탕이라는 음식은 시간이 꽤 오래 걸리는 음식이지만, 감기 환자들에게 가장 좋은 음식이라며 생색을 냈다. 그래서 너무 미안하고 감사한 마음으로 천천히 먹다 보니 그들의 얼굴이 눈에 들어오기 시작했다. 온몸에 기력이 다 빠져 다른 세상에 와 있는 듯 정신이 없었다.

그들은 가기 전에 눈물을 흘리며 기도를 한 후 돌아갔다. 그들은 자기들 스스로 청년 구역을 만들어, 나와 성경공부를 하면서 교제를 해 온 그룹이다. 아는 사람이 없는 외로운 땅에서 그리스도의 사랑으로 친근하게 지낸다는 것은 여간 큰 복이 아닐 수 없다.

며칠 사이에 창틈으로 봄기운이 들어오고 있었다. 길고 지루한 겨울을 지내고 사막이나 나뭇가지들이 기지개를 켜고 움이 트는 시간이다. 자연은 얼마나 힘들었을까, 축사 없는 들판에서 가축들은 얼마나 기나긴 추위에 떨며 고통을 감내해야 했을까 하는 생각이 스쳐 간다.

눈송이 한 번 구경 못 한 시드니에서 20년 이상을 살아온 내가 살을 에는 삭풍에 살아 보려고 애를 써 왔고, 파지지 않는 언 땅에 새 삶을 심어 보려는 안간힘이 지난 몇 달을 버텨 온 것에 대한 한계였는가 보다.

몽골인들의 평균 수명을 다한 나이에 새로운 사역을 하겠다고 온 자체가 무모한 행동이었는지도 모른다. 그러나 이러한 고난을 몇 번 겪고 나면 모진 눈보라도, 봄가을마다 불어 대는 황사 바람에도 넉넉히 버티며 살아갈 날이 오지 않겠는가 하는 막연한 생각이 들었다. 언어의 장벽, 너무 다른 문화적 이질감, 좋아하는 과일이나 음식, 외로움이나 서러움 이 모든 것들을 딛고 일어서야 하리라.

내가 잘 버티고 살아나야 새로운 잎을 내고 꽃을 피워야 열매를 기대할 수 있는 일이 아니겠는가?

십자가의 버팀목에서 침묵으로 일관하며 피비린내를 삼키며 부활하신 주님의 온 인류를 위해 버티심으로 우리가 평화를 얻은 것처럼, 작은 일꾼인 내가 이 땅에 심어져 새싹을 돋우고 꽃을 피워 복음의 결실을 보아야 하리라. 반드시 그날이 오리라. 이러한 생각들이 머리를 스치고 지나간다. 내 몸은 서서히 힘을 얻기 시작했다.

어문고비신학교 상담 사역

2010년 4월 30, 금

　어문고비는 울란바토르에서 600킬로미터 남쪽에 위치한 작은 읍이다. 그곳에 한국 선교사가 신학교를 세워 남부 지방에 있는 신학생을 양성하고 있다. 2년 전 단기 선교를 왔을 때 간 경험이 있어 낯설지 않은 곳이다. 비포장도로여서 16시간 걸린 기억이 있다. 그래서인지 통역자를 구하기가 쉽지 않았다. 장거리에 일주일 동안 체류해야 하기에 많은 수고비를 요구했기 때문이었다. 다행히 한국어과를 공부하는 학생을 구하게 되어 함께 가게 되었다.

　터미널에서 오전 8시에 출발하는데 25인승 러시아산 중형 버스였다. 겉만 봐도 얼마나 오래된 차인지 알 수 있었다. 선택의 여지가 없이 몸을 맡기고 가야 한다. 두 시간 정도 가다 보니 버스가 미끄러지는 느낌이 들었다. 창문 밖을 보니 눈이 녹아 땅이 질퍽거렸다. 그러한 길을 운전사는 노련하게 피하면서 질주했다.

　그러나 노련미를 자랑하던 운전자가 앞에 보이는 얼음 언덕을 피해 다른 길로 가다가 작은 개울에 빠지는 사고가 발생했다. 발버둥 칠수록 버스는 더 깊이 빠지고 말았다. 하는 수 없이 남녀 구별 없이 밧줄로 버스를 잡아당겨야 했다. 줄을 잡고 있는데 버스를 움직이려고 시도하자 흙탕물이 모든 사람에게 튀고 말았다.

그것을 아랑곳하지 않고 몇 번이나 시도했으나 역부족이었다. 30여 분 기다리다가 작은 트럭이 다가오는 것을 보고 반가워 손을 흔들며 도움을 요청했다. 몇 번 밧줄을 잡아당기더니 수렁에서 나올 수 있었다. 얼마나 다행스러운 일이었는지 … .

5월이지만 이제야 눈이 녹기 시작하면서 파룻한 기운이 보이기 시작했다. 가도 가도 끝없이 펼쳐지는 사막, 지루하기 이를 데 없다. 산등성이가 간혹 보이기는 했지만 평원을 질주하는 여행이었다. 보통 15시간 소요된다. 가는 길에 두 번 정도는 차 수리를 해야 한다. 부속품이 없으면 지나가는 차량에게 도움을 받기도 한다. 그리고 운전자는 정비할 줄 모르면 면허증을 받을 수 없다고 한다.

우리가 탄 버스가 5시간쯤 가고 있을 때 갑작스레 심한 쇳소리가 났다. 운전자가 내려 보니 크랭크축이 빠져서 땅에 끌린 것이었다. 두 시간 정도 걸려야 고쳐 출발할 수 있다는 것이다. 사람들은 내려서 자리를 펴고 자유롭게 이야기를 나누며 친구가 되는 시간을 가졌다. 자정이 지나서 어문고비 버스터미널에 도착해 신학교 담당 목사에게 전화해서 나오도록 했다. 피곤하다는 말이 나오지 않을 정도였다. 어린 통역자는 멀미해서 눈이 한 뼘은 들어가 있었다. 일주일을 어떻게 보낼 것인지 걱정스러웠다.

딱딱한 버스 의자에 앉아 덜컹거리며 장시간의 여행, 게다가 25인승에 열 명을 더 태워 두 자리에 세 명이 끼어 앉아 불편하게 와야 했다. 몽골인들은 비교적 한국인들보다 두 배의 몸집이어서 내가 앉은 자리에 한 명이 더 앉아야 했다. 저녁을 먹을 만한 시간은 지났고, 샤워 시설이 없으니 그대로 쓰러져 자야 했다.

남부 고비 사막에 있는 신학교 강의
2010년 5월 4일, 화

이 신학교에서는 학생들 20여 명이 공부하고 있고, 주일에는 예배를 드리는 교회다. 신학교 교장직과 교회를 동시에 맡아 일하시는 목사님이 내게 어렵게 새벽예배 설교를 부탁했다. 다른 날도 아닌 하루 종일 터덜거리고 달려온 내게는 좀 무리한 일이었지만 달리 거절할 이유가 없었다.

나보다 통역하는 학생이 힘들어할 것에 대해서 미안한 마음이 많았다. 다행히 자신 없어 하면서도 하겠다는 의지를 보였다. 오히려 내가 더 고마운 마음이 들었다. 통역을 새벽부터 저녁 늦게까지 하는 것이 힘든 일이 아닐 수 없다. 또 아직 학생이어서 원활히 하지 못해 강의에 어려움이 많았다. 쉽게 풀어 강의를 하지만 몽골에 상담학이 없어 단어 자체를 설명하기에 무척 어려움이 많음을 새삼 알게 되었다.

새벽예배는 80명 정도 모였다. 신학교 교장 목사가 어제 광고 시간에 안수받고 싶은 사람들은 오라고 했기 때문이었다. 나는 안수기도에 대한 경험이 적은 목사다. 시드니에서 목회할 때 몇 번 한 것 외에는 그리고 몽골에 와서 분위기에 어울려 몇 번 한 적이 있다. 그런데 특별 새벽예배에 안수기도는 나와 의논하지도 않은 일이었다.

선택의 여지가 없는 일 앞에서는 담대하게 할 수밖에 없어서, 통역 없이 성령님에게 의지해 모인 교인의 기도 제목을 들은 후 열심히 기도했다. 그들에게는 내가 기도하는 말을 알아들을 수 없으니 방언 기도일 수밖에 없는 일이었다. 기도회를 마치고 나니 여러 명이 눈물로 회개하고 있는 모습이 보였다.

체력의 한계를 느낀 통역자는 오전 강의에 일어나지 못했다. 아침도 못 먹고 쓰러지고 만 것이다. 오전은 휴강하고 목사 가정에서 만두를 만들어 주어서 맛있게 먹으며 교제를 나누었다. 오후에는 미혼 여학생들을 위한 상담의 시간까지 갖게 되었다. 쉬는 시간에 간식거리를 준비해 부드러운 분위기 가운데 대화를 나누는 것이 필요했다.

몽골의 정서 가운데 여자들이 스무 살 이전에 무책임하게 아이를 낳는데 남자들은 거의 가버린다는 말을 들었다. 그래서 젊은 여성들을 위한 교육적 사명감으로 소집한 시간이었다. 결혼의 신비와 하나님의 일꾼이 되려는 신학생들에게 필요한 당부와 경종의 시간을 갖고 싶었기 때문이다.

신학교 교장 목사 부부는 내게 특별한 은사를 가졌다고 칭찬이 가득한 인사를 했다. 청년들이 별도의 시간을 내어 대화를 나누는 것이나 학생들의 수업 태도나 표정들을 보면 금방 알 수 있다는 것이다. 듣기 좋은 인사로 피곤이 순식간에 풀어졌다. 한 마디의 힘이 사람을 살리기도 하고 수렁에 빠뜨리기도 하는데, 이 부부는 좋은 은사를 갖고 있어 감사했다.

주님이 주신 마음이리라!

버스 안에서 폭행을 당하다
2010년 5월 6일, 목

새벽예배 설교를 마치고 자리에 앉아 있는데 신학교 교장 목사님은 일주일 동안 상담을 가르쳐 주어서 많은 유익을 주었을 뿐 아니라 새벽마다 말씀으로 은혜를 끼쳐 준 것에 대해 깊은 감사를 드린다는 인사를 했다. 그리고 사랑과 정성이 담긴 헌금과 선물까지 받았다. 가난한 지역의 교회가 그렇게 한다는 것은 쉬운 일이 아닌데 그 마음이 너무 감격스러웠다. 일주일이란 짧은 시간이지만 멀리 왔기에 꽤 오랜 시간이 흐른 듯한 느낌이 들었다. 신학생들과 교인들은 진흙탕인 버스터미널까지 나와 배웅을 해서 쑥스러운 마음이 많았다.

출발지에서 서너 시간쯤 왔을 때 버스 차창에 기대어 잠을 자고 있는데 누군가 내 머리를 강하게 치는 느낌이 들어 눈을 뜨게 되었다. 너무 피곤한 상태여서 무슨 일인지 어리둥절하고 있는 동안 다시 내가 쓰고 있던 모자를 벗겨서 두어 번 내 머리를 쳤다. 순간 졸음에서 화들짝 놀라 눈을 떴다. 무어라고 험상궂은 얼굴로 욕설을 퍼부으며 버스에서 내리라는 손짓이다.

나는 무슨 일이냐고 반문했더니 그는 이렇게 말했다.

"중국 놈이 앉아 갈 수 없으니, 창문으로 뛰어내려! 그렇지 않으면 집어 던질 테니까!"

이런 말이었다. 자기들은 통로에 앉아 불편하게 가고 있는데 왜 중국 놈이 편안하게 가야 하냐는 논리였다. 물론 중국인을 증오하니까 그렇게 공개적으로 감정을 발산할 수 있겠지만 황당한 사건을 당한 것이다.

통역자와 신학교 교장 목사님의 아들과 함께 가고 있었지만, 그 아들조차 아무런 변호를 해 주지 않았다. 결국, 당하고 있어야 할 처지라서 가만히 앉아 있으니 더 화가 나서 나를 치려 들었다. 그때 조수석에 앉아 있던 여자 조수는 소리를 벌컥 질렀다.

"왜 가만히 있는 외국인에게 시비를 거느냐!"

그 남자는 잠시 주춤했다. 그때 다른 몽골인이 그 남자의 팔을 잡아당기며 진정하라고 만류를 했다. 좁은 버스 안에서 나 한 사람으로 인해 두 패가 갈리게 된 것이다. 그때부터 10시간 이상을 긴장하며 불안한 마음으로 와야 했다. 당장이라도 내려 걸어오고 싶은 마음이 간절했다. 분노가 치밀고 나보다 어린 녀석이, 중국인인지 아닌지도 모르면서 예의 없이 그렇게 했다는 것에 대해 견디기 어려웠다. 이것이 민족주의 행동이라는 것을 새삼 깨닫게 되었다.

버스 안에서 내내 두 가지를 놓고 기도하며 왔다. 하나는 더 이상 저 불량한 녀석이 시비를 걸어 확산하지 않도록, 또 하나는 그런 일이 한두 번이 아닐 것인데 인내하는 마음을 달라고, 그렇지 않으면 어떻게 이곳에서 사역할 수 있겠느냐고 … 나는 이미 몽골인들이 중국인들을 얼마나 증오하는지 몇 번이나 들어 알고 있었다. 교인들 가운데 내 얼굴은 중국인을 많이 닮았기에 사람들이 시비를 걸 테니까 그때마다 한국 사람이라고 말하라고 가르쳐 주었다.

그런데 이날 그 일이 터지고 만 것이다. 10시간이 그렇게 길고 지루한지 몰랐다. 그 일행은 전기 기술자 옷차림으로 보통 인상이 아니었다. 다행히 우리보다 세 시간 먼저 정류장에서 내렸다. 그들이 내리자마자 옆에 있던 몽골 남자가 미안하다고 말하며 악수를 청했다.

그러면서 자기도 한국을 여러 번 사업 때문에 다녀왔다고 하면서 우호적인 태도를 보여 주었다. 시드니에 살 때도 아시안에 대한 비난이 간혹 있었다. 호주인이 중국인을 조롱하는 단어를 쓰며 구별 안 되는 한국인들에게도 야유를 퍼붓고, 우리가 살고 있는 집에 달걀을 던진 적이 있었다.

몽골에 와서 이런 처우를 받을 줄 꿈에도 몰랐다. 시드니에서는 고향 땅에 가니 걱정하지 말라고 농담을 했지만 그렇지 않음에 서러움이 밀려와 감당하기 쉽지 않았다. 하지만 그나마 다행스럽게 집에까지 무사히 도착하게 되어 감사한 마음이 들었다.

알뜰 매장 사장의 헌금

2010년 7월 14일, 수

얼마 전에 우연한 기회로 안양에서 중고 알뜰 매장을 운영하는 여사장을 알게 되었는데 늦은 시간에 그녀로부터 전화를 받았다. 너무 신나는 목소리였고 얼굴을 안 보았어도 활짝 웃는 모습을 쉽게 연상할 수 있었다.

어제 중고 냉장고가 하나 가게에 들어왔는데 너무 지저분해서 그대로 버릴까 하다가 한쪽 편에 던져 놓았다고 한다. 그런데 아침에 보니 냉동실이 녹았고 그 안에 검은 비닐에 무언가 싸여 있어서 꺼내 보니 27만 원이 들어 있었다는 것이다. 아마 냉장고 주인이 비상금으로 넣어 두었던 것을 잊어버린 채 냉장고를 버린 것 같다고 했다. 간혹 있는 일이라는 말까지 곁들였다.

그러면서 내게 부쳐 주겠다는 것이다. 거저 받은 것을 먹으면 체한다는 것이다. 통화를 마친 후 혼자 정신 나간 사람처럼 빙그레 웃음이 흘러나왔다. 아직 선교사로 모든 것이 서툴고 후원 교회를 모집하는 방법이나 재주가 없는 내게 예기치 않은 사건이 터져 기쁨을 누릴 수 있는 것이 재미있었다. 더욱이 교인이 아닌 불교 신자로부터 …. 그리고 나서 기타 한 대, 몇 년 된 노트북 그리고 사무용품 몇 가지를 박스에 잘 포장해서 보내왔다. 물건보다는 마음의 정성에 감사한 마음이 들었다.

여사장은 나의 짐작대로 결혼 후에 평탄한 삶을 살지 못하고 있었다. 하나뿐인 아들은 호주에서 학업 중이었고, 고부간의 갈등으로 20년의 굴곡으로 얼룩진 결혼 생활을 마무리하게 되었다고 토로했다.

그러한 아픔과 생활고로 인해 취미 삼아 시작한 일이 알뜰 매장이라고 했다. 눈물 어린 사연이 없는 사람이 없겠지만 사랑하는 자식까지 포기하며 힘겹게 살아가는 여인의 모습이 애처롭게 느껴졌다. 그러면서도 도움이 될 만한 말을 해 주지 못해 미안했다. 신앙인으로서 또한 목사로서 그런 말을 듣게 될 때마다 더욱 마음의 부담을 느끼게 된다.

다 같은 인간이기에 실수가 있기 마련이지만 무언가 다른 생각과 온전한 삶의 모습을 지니지 못해 거룩하신 하나님의 이름을 욕되게 하는 나는 아닌가 하는 마음이 들었다. 좀 더 인내하고, 좀 더 깊은 사고를 갖고 나보다는 상대방을 배려해야 한다는 원칙을 지니고 있지만, 마음먹은 대로 되지 않는다. 여사장의 애환을 듣고 있는 내내 나의 부족한 내면이 오버랩되어 부끄러운 마음이 들었고, 좀 더 성숙한 신앙인의 면모를 갖추어야 하리라는 다짐을 반복해 보았다.

노상 강도와의 작전

2010년 7월 30일, 금

지난 5월 시드니에 있는 파송 교회 장로님이 걸인 예배 시간에 간증한 이후 걸인 사역에 대해 진지하게 논의해 왔다. 걸인들이 장로님의 간증을 들으며 눈시울을 적시는 광경을 보고 본인 역시 은혜를 받았다고 한다. 그리고 시드니로 돌아가 기도할 때마다 걸인들이 눈에 밟혀 고민하다가 내게 전화하셨다. 들어보니 장로님은 김 선교사의 성격에 야생마보다 더 거친 몽골의 걸인들을 상대로 사역이 가능할 것인지에 대한 고민이었다. 나 역시 처음 제안을 받았을 때 단순한 일이 아니라는 것을 인지하고 있었지만 하나님이 내게 주신 사역의 길이라면 순종하기로 했다.

지난 2월, 눈이 쌓인 쓰레기장 옆에서 쓰러져 죽은 한 걸인을 보고 꽤 오래도록 마음이 아팠다. 눈을 헤치고 먹을 것을 찾다가 허기진 배를 움켜잡고 차가운 눈 위에 쓰러져 죽은 사람을 보고 난 아무런 대응책을 찾지 못하고 돌아섰기 때문이다. 가련한 마음도 잠깐일 뿐 잊고 있었는데 장로님의 제안으로 다시 그 장면이 살아 내 앞에 다가왔을 때 부정할 수 없었다. 결국, 피해 갈 수 있는 일이 아닌 것 같아 걸인 사역을 하겠다고 대답하자 땅을 구입하라고 헌금을 보내왔다.

마침 저렴한 땅이 나타났다. 그 땅은 무당들조차도 싫어할 정도의 땅이라서 사람들이 살 생각을 안 하는 땅이라는 것이다. 내게는 그것이 오히려 저렴하게 매입할 수 있는 기회였다. 땅 값을 치르기 위해 몽골 청년과 은행에 갔다. 은행에 함께 가서 돈을 찾았는데 주머니가 불룩하게 나올 정도로 두툼했다. 한 장으로 해결할 수 있는 수표 제도가 없는 것이 원망스러웠다. 은행 앞을 지나오는 거리는 국영 백화점이 있고, 각 나라의 게스트 하우스가 있는 곳이어서 외국인 상대로 자주 불미스러운 일이 있다는 말을 들었다. 조심스레 걸어가고 있는데 아니나 다를까 누군가 따라오는 기척을 감지할 수 있었다.

그래서 좀 더 빠르게 걸으니까 속도에 맞춰 오고 있었다. 갑자기 휘파람 소리가 들렸고 앞쪽에서 한 가죽 잠바 입은 청년이 내 앞을 가로 막으며 내 손목을 붙잡았다. 나는 재빨리 팔을 비틀어 밀치며 자동차가 질주하는 도로로 뛰어 들어갔다. 거기에는 도로 경찰이 있어 무언가 도움이 될 듯한 순간적인 판단이었다.

그들은 세 명이 한 조를 이룬 듯했다. 위기를 모면하고 숨을 몰아쉬었다. 그리고 뒤를 돌아보지 않고 택시를 타고 집으로 돌아왔다. 그들에 비해 체구가 작고 나이도 많은 내가 어떻게 그런 재치와 용기가 났는지 나 스스로가 대견해 보였다. 사역을 위한 비용을 그런 강도들에게 빼앗긴다면 얼마나 억울하고 허망한 일인지를 상상해 보았다.

동행했던 청년은 집에 와서 '목사님 대단하세요'라는 인사를 던졌다. 내가 이 청년과 함께 간 것은 무언가 도움을 받기 위해서였는데 막상 그런 일이 발생하니 해결은 내 몫이었다. 저녁 내내 아직도 가시지 않는 심장의 요동과 함께 하나님 앞에 감사했다.

한 순간도 하나님께서 함께해 주시지 않으면 연약한 내가 어찌 살아갈 수 있을까?

청년 연합 수련회

2010년 8월 6일, 금

　어느 한국 선교사가 매년 실시하는 몽골 연합 수련회에 함께하자고 내게 제안했다. 난 처음 맞는 여름 수련회가 어떤 형식인지 분위기를 알지 못했다. 하지만 앞으로 계속해야 할 일이어서 흔쾌히 수락했다. 한국에서 온 단기 선교팀이 주관하는 연합 행사다. 수련회는 모두 300여 명이 가조르트라는 수양관에서 3박 4일 동안 실시되었다. 참가자들은 초등학생으로부터 고등학생까지 있었다. 먼 시골에서 혹은 시내에서 온 미래의 몽골을 책임질 꿈나무들이었다.

　난 두 차례의 설교를 하게 되었다. 청소년들에 대한 설교 테마는 어느 나라이든 흡사할 것 같아 나는 성경 전체를 묶어 학생들의 문화와 칭기즈 칸의 위대한 역사를 설교 안에 도입하면서 열정을 다해 외쳤다. 설교를 시작할 즈음에는 집중이 안 되어 땀이 흐를 정도였지만 청소년들에게 강한 어조로 외치자, 마음이 열렸는지 귀를 기울이고 시선을 내게 고정했다.

　"청소년들이여, 지금이 어느 시대인지 아는가?
　21세기, 우주를 왕복하는 초과학 시대에 청소년들의 꿈은 무엇인가?
　몽골 땅의 꿈나무들이 이대로 살아도 되겠는가?

정신을 차리고 미래를 꿈꾸지 않고는 13세기의 위대한 영광이 역사 앞에 부끄럽게 될 것이다!"

이러한 식으로 설교를 일관했다. 청소년들 가운데 반발을 해서 돌을 던질지라도 할 말은 해야 하고, 그들의 정신을 깨우쳐야 한다는 안타까운 마음이었다. 청소년들은 애절하게 외치는 설교에 고무되어 주의 깊게 듣는 듯했다. 조용하게 앉아 있는 것만으로도 고마운데 들어주는 것 같아 더 사랑스러웠다. 설교 후 모두 일어서서 결단의 기도를 하게 했다.

또한, 너무 이른 나이에 성적인 호기심에 빠져 숭고한 사랑을 더럽히는 죄악을 반복하지 않도록, 춥다는 이유로 게으름에 빠지고 인터넷이나 술과 담배를 시작한 학생들이 있거든 버리라는 회개의 시간을 갖도록 했다.

태어나 눈을 뜨기 시작하면서 성에 대해 가장 먼저 알게 되는 몽골 문화에 대해 감지하고 있었을 뿐 아니라 낮부터 외딴 화장실 주변에서 고등학생들이 모여 담배를 피우고 있던 모습을 보았기 때문이었다.

한국 학생들을 포함해 얼마나 많은 학생이 듣고 도전이 되었는지는 잘 모르지만 내 속에 담겨 있는 열정을 계속해서 뿜어내고 싶은 심정이다. 기회만 주어진다면 더욱 담대하게 외칠 것이다. 오늘 이 학생들의 얼굴을 통해서 작은 희망을 보았기 때문이다. 하나님께서 이 민족을 사랑하시면 능히 이루시고 변화시켜 주시리라 확신한다.

구역예배

2010년 8월 11일, 수

한여름의 상징인 8월 초인데 기온은 쾌적한 편이고 한국의 전형적인 가을 날씨와 같다. 곧 가을이 시작된다고 말한다. 하지만 추위가 조금 짧아지고 이런 계절이 지속된다면 얼마나 좋을까 하는 바람을 갖는다.

저녁에는 수요예배가 없고 구역예배가 있는 날이다. 오후에 두 청년과 함께 택시를 타고 구역장 집으로 갔다. 예배 후 다과회를 갖기에 슈퍼에서 몇 가지를 샀다. 구역장은 찬양 몇 곡을 한 후 곧바로 내게 설교를 맡겼다. 순서지에 따라 성경 본문이 주어졌는데 거기에 맞게 하면 다음 시간에도 연결이 되어 좋을 듯하다는 말에 느닷없이 설교하게 되었다.

누가복음 18장에 나오는 불의한 재판관에 대한 본문인데 우리가 다 아는 것처럼 기도에 초점을 둔 내용이었다. 예배에 참석한 구역 식구들은 이미 잘 알고 있는 내용인 것 같아서 나는 8절 말씀에 나타난 마지막 때 참믿음을 가진 자에 대해 전했다. 믿음이란 말은 자주 하는 익숙한 단어지만 믿음이 무엇이냐고 질문하면 피상적인 답변을 하기 쉽고 또한 실천하기란 더 어렵다고 했다.

그리고 믿음 장이라고 불리는 히브리서 11장의 내용을 전반적으로 다루었다. 이러한 방식으로 이야기를 풀어 나갔더니 구역 식구들이 너무 기뻐했다. 그리고 설교가 끝난 후 설교에 대해 많은 이야기를 주고받았다. 성경을 전체적으로 듣게 되어 이해가 쉬웠고, 이런 방법으로 성경을 전해야 하겠다고 생각을 했다.

아직 믿음의 초보 단계에 있는 이들에게 즉흥적으로 성경 이야기를 주일학교 수준으로 했는데도 은혜를 받았다는 말에 기쁘기도 했지만 안타까운 마음이 들었다. 나는 10개 구역을 순회하면서 교인들과 교제를 나누며 구역장들에게 말씀을 전하는 방법을 가르쳐 주라는 담임목사의 부탁을 받게 되었다.

구역예배는 말씀과 기도의 시간을 합해 한 시간 정도 할애를 하고, 그다음에는 식사나 다과를 나누면서 교제를 나눈다. 그러다 보니 늦은 밤이 되기 마련이다. 그런데 겨울이나 여름이나 나 혼자 집에 가는 적이 없었다. 낮에도 그렇지만 밤에는 외국인이 택시를 타게 되면 요금을 과중하게 요구하고, 때론 엉뚱한 곳에 내려 놓는 경우도 있고, 최악의 경우에는 산으로 끌고 가 모든 것을 빼앗고 죽이는 일도 종종 있다고 한다.

지난봄에는 교인 가운데 한 남자가 술에 취한 상태에서 택시를 탔는데 속옷만 입은 채 얼어 죽은 것을 일주일 만에 발견한 끔찍한 사건이 발생하여 가족들과 온 교인들의 마음을 아프게 한 적이 있었다. 이러한 일이 있기 전부터 나를 배려했지만, 더욱 부족한 나를 보호해 주는 특혜를 누리고 있다. 내가 집에 들어가는 것을 본 후에 그 차를 타고 다시 자기들의 집으로 간다.

물론 모든 비용을 내가 주기는 하지만 신변을 보호해 주는 따듯한 배려와 사랑을 무엇과 바꿀 수 없기에 감사할 따름이다. 몽골 사람의 나이로 보면 적지 않은 나이인데 체구도 작고 약해 보여서 더욱 안타까워하는 것 같다.

그리스도의 사랑이 아니면 누가 이렇게 하겠는가?

익숙한 것에서의 탈피

2010년 9월 4일, 토

오늘은 교회 청년들이 체육관을 빌려 농구 대회를 한다고 했다. 30여 명이 되는 청년들은 나를 친구처럼 생각하는지 무슨 행사든지 오라고 한다. 불러 주는 것이 다행이라 생각하며 감사하지만, 거기에 따른 부담 또한 배제할 수 없다. 대부분 어려운 학생 신분이기에 제반 비용은 거의 내가 책임을 져야 한다. 허름한 체육관이지만 인원수대로 지불해야 하고, 또 간식이나 음료수에 이르기까지 제공해야 한다. 한국 학생들 같으면 자기들 용돈으로 해결하겠지만 이들은 거의 맨손이다.

안타까운 마음으로 또한 사랑하는 마음으로 부담하지만 자주 할 수 있는 것은 아니다. 물론 이러한 일로 인해 나에 대한 고마움으로 더 깊은 관계를 형성할 수 있는 계기가 되기도 한다. 선교지에 와서는 숫자 개념보다는 이들의 영혼을 먼저 생각하고 마음을 열게 하고 하나님의 사랑을 이야기해야 하겠다는 마음이 든다.

청년들과 함께 뛰었기에 온몸에 근육통이 오는지 걷기조차 힘들었고, 체육관 안에 통풍이 안 되어 겹겹이 쌓인 먼지를 잔뜩 마셨기에 목이 칼칼했다. 나는 집에 와서 샤워를 하면 되지만 대부분의 청년들은 게르 생활을 하기에 땀을 닦는 일이 그리 간단하지 않다. 샤워장에 가서 돈을 내고 해야 하는데 웬만해서 그렇게 하는 청년들이 없는 것 같았다.

내가 집에서 샤워하고 있는데 갑자기 온수가 끊어지고 말았다. 자주 있는 일이기는 하지만 비누칠을 잔뜩 해 놓은 상태여서 난감했다. 받아 놓은 물도 없었다. 여름철에는 낡은 수도관을 공사하기 때문에 더운 물이나 찬물까지 단수되는 일이 많은 편이다. 예고가 있는 것도 아니다. 그래서 큰 통을 화장실이나 주방에 두어야 급한 일을 처리할 수 있다.

찬물을 받아 데울 때까지 시간이 걸리고 눈이 매운 것을 견뎌야 한다. 몇 달 전에는 염색을 하다가 두 시간 동안 기다린 적이 있었다. 다른 곳에서는 경험할 수 없는 일이라 처음에는 흥미로운 마음도 있었지만 시간이 갈수록 불편함에 은근히 불평이 터져 나온다.

원시림에 있는 선교사들에 비하면 궁궐과 같은 조건이지만 당장은 내게 닥친 일이 아니라서 감사를 모르고 있는 것이다. 인간의 얄팍한 심성이다. 며칠씩 물이 안 나와 밥을 못 해 먹고, 씻지 못하는 일과 전기가 나가는 것 때문에 냉동고의 음식을 내다 버렸던 일도 있었다. 그뿐만 아니라 인터넷도 수시로 끊긴다. 나는 인터넷 전화를 자주 하는데 갑자기 이야기가 끊어져 버리면 상대방에서 당황스러울 수밖에 없을 것이다. 이곳의 사정을 모르면 예의 없는 사람이 되는 것은 당연한 일일 것이다.

그 때문에 몽골에서 살기 위해서는 너무 현대적 문명을 누리는 것을 자제해야 한다고 생각한다. 게르에서 해 뜨면 일어나고 해가 지면 잠을 자는 원시적 생활은 간편하고 행복 지수가 높아질 것이다. 샤워나 인터넷 전화를 하는 것은 시골에서 사는 사람들에게는 불필요한 일이고 엄청난 사치에 불과할 것이다. 나 역시 그렇게 체질을 바꿔야 할 것 같다.

성가대에 대한 고민

2010년 9월 18일, 토

몽골에 도착해 협력 사역하는 교회가 있었다. 그런데 그 교회에는 성가대가 결성되어 있지 않았다. 구역에서 한두 사람이 나와 즉흥적으로 부르는 것을 보며 어찌할까 고민에 빠져 예배 시간 내내 집중할 수 없었다. 성가대를 가르쳐 본 경험이나 지도할 능력이 없지만 예배를 위해 필요한 일이었다. 부족하지만 최선을 다해 가르쳐 보기로 했다. 담임선교사는 너무 기뻐했고 기다렸다는 듯이 곧 15명의 성가대원을 모집하게 되었다.

무엇보다도 대원들의 음색을 점검해 보기로 했다. 몽골 교육 과정에는 음악 시간이 없다고 한다. 나는 초등학교 때부터 음악 시간을 기다리는 편이었다. 신학교 때는 합창단에 소속되어 활동하기도 했다. 그러나 오늘 성가대를 하겠다는 대원들의 목소리를 들어 보고 후회하고 말았다. 왜 하겠다고 생각했는지 그것마저 한탄하게 되었다. 이들은 자기들의 상황을 전혀 알지 못하면서 의욕만 불타고 있는 어린아이들과 같아 보였다. 포기할까 잠시 생각하다가 나의 교만을 자책하며 마음을 바꾸기로 했다. 그렇게 성가대는 조직되어 출발하게 되었다.

소리의 아름다움보다는 하나님 앞에 중심을 드리는 것이 더 중요하다는 생각으로 그렇게 하니 애정이 싹트기 시작했다. 부족한 나는 이들에게 희생의 제물이라도 되고 싶은 마음이 들었다.

하지만 연습하기 위해서는 피아노나 키보드가 있어야 하는데 악기는 아무것도 없다. 그뿐만 아니라 악기를 연주할 수 있는 사람도 없다. 그야말로 맨땅에 헤딩하는 꼴이다. 일단 없으면 없는 대로 하는 수밖에 다른 방도가 없다.

가장 먼저 둘러서서 손을 잡고 성가대를 하나님께 올려 드리는 기도를 드렸다. 대원들은 조금 전에 자신 없던 목소리로 발성하던 것과는 달리 목이 터져라 통성기도를 했다. 눈물까지 흘렸다. 이것을 보는 순간 내 마음에는 죄책감이 들었다. 믿음으로 성가대에 들어와 수고하려는 열심을 나는 알지 못했다. 한 시간가량 발성 연습과 한 곡을 무반주로 연습했다. 그들은 너무 재미있고 찬양이 아름다워졌다며 기뻐했다. 첫날 연습을 마친 터라 가까운 식당에 가서 저녁을 먹으며 작은 위로 파티를 열었다.

이후 집에 돌아와 친구 선교사에게 키보드를 잠시 빌려 달라고 요청했고, 한국에 있는 몇 교회에 전화해서 안 입는 성가대 가운이 있는지 문의했다. 선교사의 아들이 중학생인데 단음으로 키보드를 칠 수 있다는 말을 듣고 토요일 성가대 연습 시간에 합류하기로 했다. 그리고 친구 선교사의 교회에서 작동이 잘 안 돼지만 고쳐서 쓸 수 있는 키보드를 얻어 오게 되었고 친구 사모님이 연주법을 가르쳐 주겠다고 했다.

몽골인들은 한국어를 빨리 배우고, 찬양도 외워서 부른다. 많은 곡은 아니지만 한국 교회에는 필수품으로 설치되어 있는 빔 프로젝터(beam projector)가 없어 찬양 PPT 악보를 띄울수 없어도 이들은 얼마든지 외워서 부르는 것을 어디서나 볼 수 있다. 그것이 내게는 이해가 안 될 정도다. 짧은 연습을 통해 대원들은 내가 부르는 찬양에 대해 감탄을 금하지 못했다. 잘 부르는 것은 아니지만 자기들이 상상할 수 없는 고음을 소화하고 있기 때문이다. 그들은 한국인들이 내 목소리 수준 이상인 것을 알지 못하고 있었다.

떠오른 생각이 몇 시간 만에 시작이 되고 진행되는 것을 보면서 하나님께서 급하게 여기셨던 일이었나 하는 마음이 들었다. 여러 가지 부담스러운 일이 산재하고 있지만 하나씩 해결하며 보충해야 하리라. 찬양받기를 기뻐하시는 하나님께 감사와 기도로 나아갈 뿐이다.

물질에 대한 탐심
2010년 9월 25일, 토

몽골의 짧은 가을 날씨는 한국의 초겨울과 다름없다. 매년 9월 20일 전후로 첫눈이 내린다는 통계를 볼 수 있다. 올해는 한 주일 정도 늦은 것이라고 말한다. 찬 바람이 불며 흩날리는 눈이 밤새 내려 창문으로 내다보이는 설경이 아름답게 보였다. 아파트 공사장에도, 쓰레기장 위에도 눈은 모든 어둡고 칙칙한 색깔들을 순식간에 하얀 세상으로 바꾸어 놓았다.

성가대 연습을 하기 위해 가는 길목에 포플러 나무들이 노랗게 물들어 뒹굴고 있었다. 옷깃을 파고드는 가을바람에 어깨가 움츠리게 된다. 올해는 얼마나 추울 것인지 괜한 염려를 하고 있다. 날씨 탓인지 성가대원이 많이 참석하지 못했다. 지난주의 열정이 벌써 시들해졌나 하는 생각이 들었다. 인내가 필요하다.

저녁 시간에는 게르 사역을 본격적으로 추진하기 위해 사역자들과 회의를 하였다. 경사진 산등성이를 두 층으로 땅을 고르는 작업을 해야 하고, 게르를 구입하는 문제에 대해 의논하고자 모인 것이다. 하지만 이야기는 처음과 많은 차이를 가져왔다. 땅을 고르는 작업을 하는 비용이나 게르 구입 비용이 아무 말도 없이 40퍼센트 정도가 뛴 것이다. 이유를 물었지만 앞뒤가 맞지 않는 변명을 하며 얼굴색이 바뀌는 것을 볼 수 있었다. 나는 이미 시장 조사를 해서 가격을 알고 있었다.

그러나 내가 시장 조사를 했다는 말을 할 만한 분위기는 아니었다. 함께 사역해 나가야 하는데 처음부터 어긋나기 시작하면 안 될 것 같아 수용과 포기를 하면서 2시간의 회의와 식사를 마무리하게 되었다. 함께 자리한 선교사 사모는 이곳 사람들이 가난하다 보니 어떤 기회만 있으면 물질적 욕심이 발동한다는 말로 위로를 했다. 그렇게 이곳 선교지의 일이 진행되는가 보다. 가난하다는 명목을 앞세워 거짓을 말하는 것을 받아 주다 보니 습성이 된 것이다. 이러한 일은 단지 이곳만 그런 것이 아니라 세계 어느 곳을 가도 마찬가지일 것이다. 하지만 내 마음은 편하지 않았다.

시드니의 성도들이 힘겹게 일을 하고, 이민자로서 온갖 고뇌와 서러움을 받으며, 밤잠 못 자며 일을 해서 모은 헌금을 어찌 함부로 쓸 수 있겠는가?

택시를 탈 때도 그러한 부담감이 들고, 어떤 일을 추진할 때도 철저히 계산해서 비용을 산출하고 있다. 그런데 분명한 물건값에 대해 눈 뜨고 바가지요금 정도가 아니라 강탈당한다는 느낌을 받아 나의 마음에 상처가 되었다. 선배 선교사들은 선교지의 일상적인 일이라고 치부하고 있지만 아직은 초년생이기에 적응하기 어려운 일이다.

한국 기독교 초창기에도 이와 같은 일이 있었다고 한다. 오늘 거기에 대한 보응을 내가 받는 것인가 하는 생각에 발걸음이 무겁게 느껴졌다. 헌금을 보내 준 모든 성도에게 깊은 감사와 하나님의 축복을 기도하면서 하루의 해를 잠재웠다.

바자회를 열면서

2010년 10월 2일, 토

청년회에서 지방 전도 프로그램을 세우고 바자회를 한다고 해서 갖고 있던 옷 서너 박스를 택시에 싣고 교회로 향했다. 청년들은 몇 번이나 내게 꼭 오라고 부탁했다. 물건을 팔아 달라는 것보다는 내가 갖고 있는 물품을 기증하거나 후원금을 위한 것임을 잘 알고 있다. 내가 큰 도움은 안 되지만 가능한 범위 안에서 도움을 줄 수 있으면 모두에게 기쁨이 되리라 생각했다.

내가 가져간 상자를 풀어 놓자마자 교인들은 새것과 다름이 없는 좋은 옷들을 보며 서로 욕심껏 움켜잡으며 구입했다. 더 많이 가져오지 못한 것이 미안할 정도였다. 오늘 바자회에 내놓은 옷을 보며 여러 생각에 빠지게 되었다. 한국을 떠난 지 오래되어 잘 이해할 수는 없지만 한국인들의 옷에 대한 민감함은 어느 정도 읽을 수 있었다. 몇 번 안 입었지만, 유행이 지나서 못 입어 내놓은 듯한 의류, 또 여전히 즐겨 입고 있는 옷이지만 기증하기 위해 정성껏 내놓은 것들도 있어 보였다.

남을 돕기 위해서는 내가 덜 먹고 덜 입어야 할 수 있다는 말을 실감하는 시간이 되어 옷을 제공한 손길들에 깊은 감사의 시간을 갖게 되었다. 특별히 교인들이 선교지에 있는 이웃들을 향해 믿음으로 드린 것들이라는 점이 더욱 나를 감동하게 했다.

옷 박스를 한국에서 가져오는 일이 그다지 수월한 일은 아니다. 의류를 모아 박스에 담고 그것을 택배 회사로 보내어 몽골에 도착하기까지 여러 과정을 거쳐야 하고, 또 적지 않은 배송 비용이 부담스러운 일이다. 하지만 모인 옷이 어려운 이웃들에게 보내지고 그것으로 사랑을 느끼고 따스함을 느낄 수 있다면 그보다 더 소중한 일이 없겠다는 생각이 들었다.

여기저기에서 모인 의류나 물품들로 생각보다 성황리에 마칠 수 있었다. 교회에서 실시하는 지방 전도 여행을 돕기 위해 많은 사람이 왔고, 정성껏 물품을 구입했기 때문이다. 선한 일에 힘을 합하는 것보다 더 아름다운 일이 없다고 본다. 또한, 청년들의 열정적인 수고에 큰 박수를 보냈다.

낯선 행인과의 인사

2010년 10월 14일, 목

가까이에 살고 있는 선교사 가정에서 식사하러 오라고 연락이 왔다. 혼자 사는 내가 마음에 밟힌다며 음식을 할 때마다 내 생각을 한다는 것이다. 일방적인 사랑을 받는 것이 부담되어 바쁘다며 거절하기도 했다. 집에 무언가 가져갈 만한 마음의 선물이 없어 미안했다.

어둑한 저녁, 눈이 내린 언덕길을 조심스럽게 올라가고 있었다. 몸집이 건장한 세 명의 몽골인이 마주쳐 지나가다가 나를 힐끗 바라보더니 느닷없이 "샌베노?"(안녕하세요?)라고 반갑게 인사하며 악수를 청했다. 나는 한 번도 본 적이 없는 얼굴이라서 당황하고 있는데 생각할 틈을 주지 않으며 몰아치듯 가족의 안부를 묻고, 그동안 어떻게 지내는지 물으며 일상적인 인사를 했다.

그러면서 내가 메고 있던 가방끈을 붙잡고 담뱃값이 없으니 이천 원만 달라는 것이었다. 이천 원은 얼마든지 줄 수 있는 적은 금액이지만 사전에 들은 바에 의하면 그들에게 약간의 돈을 주기 위해 지갑을 보이게 되면 통째로 낚아채 간다는 말을 들었다. 그 말을 기억하면서 지갑을 안 가져왔다고 둘러댔다. 그리고 바지 주머니에 있는 잔돈 800원을 주었더니 내게 억지 웃음으로 거짓말한다며 가방끈을 놓아주지 않았다. 다음에 꼭 줄 테니 다시 보자고 설득하며 애원하다시피 했다.

그랬더니 얼굴이 굳어지면서 화를 내고 알아들을 수 없는 거친 말을 하며 돌아섰다. 한참 동안 정신이 멍한 채 그들의 뒷모습을 바라보았다. 상황이 그렇게 끝난 것이 얼마나 감사하고 다행한 일인지 모른다. 한 대 맞기라도 했으면 나는 날아갈 판이었다. 다음부터는 일정의 상납금을 가지고 다녀야 할 것 같다.

이러한 일을 선교사와 식사하면서 말했더니 담담하게 받아넘겼다. 너무 자주 일어나는 일이라는 것이다. 눈을 뜨면 새로운 문화에 적응해야 하기에 정신을 차릴 수 없다.

얼마나 시간이 지나고 배워야 이 땅에서 여유 있게 살아갈까?

없는 것과 사악한 것과는 분명코 다른 문제인데 그 두 요소가 공존하고 있는 이 땅에 서 있는 자체가 선교가 아닐 하는 생각이 스쳐 갔다.

출산한 부인에게 미역국 선물

2010년 11월 2일, 화

날씨가 무척 흐렸다. 이른 아침에는 햇살이 깨어나지 않더니 정오부터 눈이 내리기 시작했다. 바람을 동반한 눈은 잠시 내렸지만, 함박눈은 발목이 빠질 정도였다. 동네 슈퍼에 우유와 요구르트를 사러 나갔다. 필요해서라기보다는 눈이 내리는 길을 밟아 보고 싶은 동심에서였다.

내가 사는 아파트 주변에는 아파트를 짓는 소리가 요란하다. 시공을 맡은 사람들은 대부분 중국인이다. 아직 몽골인들은 아파트를 지을 만한 기술이 안 된다는 말이다. 그런 이유로 아파트 공사장에서 몽골인들이 건축 자재들을 밤중에 가져가는 사건이 자주 발생한다. 그런 일이 자주 일어나다 보면 발각이 되고 충돌이 심하게 일어나는 광경을 자주 보게 된다. 눈이 오는데 아직 공사가 안 끝났나 보다. 골격만 세우고 겨울이 되기 전에 본국으로 철수하는 기술진들은 여전히 시린 손을 호호 불어 가며 작업을 진행하고 있다.

저녁 시간에 앵크톨이란 교인으로부터 전화가 왔다. 지금 남편을 김 목사님 댁으로 보내도 되는지에 대한 문의였다. 며칠 전 아이를 낳았는데 같은 구역 식구로 그동안 내게 마음을 써 준 것이 감사해서 미역국을 끓여 주기로 미리 약속했었다. 그래서 들통 가득 고기 미역국을 끓였다. 웬만한 몽골인들은 고기가 안 들어가면 음식이 아니라고 생각하기에, 또 산모이기에 고기를 많이 넣어 정성을 들여 끓였다. 시드니에서는 한 번도 끓여 본 적이 없지만 산모가 기쁨으로 먹을 것을 생각하니 내 마음에 벌써 기쁨이 차오르고 있었다.

그들은 독일에서 7년 간 살다 온 부부로서 다른 사람들보다 식견이 넓어 보였다. 대화할 때도 다른 사람에 대해 비난 어린 대화가 나올 때마다 화제를 돌리곤 하는 성품이 마음에 들었다. 몽골인들은 의외로 미역국을 잘 먹는 것 같다. 한국인의 전통 음식이지만 많은 몽골인이 한국을 다니며 좋은 음식인지 알고 있으며 특히 산모에게 미역국이 최고로 좋다는 것도 알고 있었다.

남편은 감사하다고 인사하며 내가 건네주는 들통을 조심스럽게 가지고 나갔다. 한 시간쯤 지났을 때 아내로부터 전화가 왔다. 아직 몽골어가 서툰 내게 그 마음을 다 표현할 수 없었지만, 친정어머니나 친척이 가까이에 없는데 사랑으로 끓여 준 미역국을 먹으며 눈물을 흘렸다고 하면서 계속 감사하다는 말을 이어 나갔다. 나는 어려운 일이 아니니 다 먹은 후 또 해 주겠다고 자신감이 충만해 또 약속했다.

지극히 서툰 솜씨로 끓인 부족한 미역국이 맛있으면 얼마나 맛있었을까?

하지만 앵크톨은 특별한 나의 작은 사랑에 감동한 듯하다. 조그만 정성과 수고로 그리스도 안에서 사랑을 나누며 마음을 훈훈하게 할 수 있다면 일 년 내내 끓여 줄 용기가 생겼다. 사랑하는 마음보다 귀하고 값진 일이 있을까 하는 마음에 포근함이 밀려왔다.

이정표 없는 몽골 가정의 미래

2010년 11월 29일, 월

    25세 된 톨이란 아가씨는 몽골에서 한국어과를 공부한 후 한국에서 직장 생활을 4년 동안 하고 돌아온 청년이다. 그래서 내가 필요할 때면 수시로 와서 일을 도와준다. 나를 만나기 전에는 교회를 다닌 적이 없었지만 청년부에 등록해 신앙생활이 시작되었다.

    그런데 오랜만에 전화가 왔다. 집에 와 상담할 것이 있다는 것이다. 늘 함께 그림자처럼 다니는 사촌 동생과 함께 오라고 했더니 오늘은 혼자 오겠다는 것이다. 어떤 심각한 문제가 발생한 것임을 쉽게 감지할 수 있었다. 주스 한 병을 손에 들고 들어와서는 인사도 없이 눈물을 흘리기 시작했다. 점점 흐느끼는 울음이 커졌다. 안정을 시킨 후 식탁 의자에 앉혔다.

    톨 청년의 가정은 매우 복잡하고 심각하다. 몽골 가정들이 대체로 그렇듯이 이 청년은 깔끔한 얼굴에 늘 수심이 가득한 채로 살아가고 있다. 그녀의 아버지는 나보다 몇 살 어린데 본처를 버리고 자기 딸보다 세 살 어린 아가씨를 데리고 살고 있다. 그러나 톨은 경제적으로 자립할 수 없어 함께 살고 있는데 그 고충은 이루 말할 수 없는 지경이다. 법적으로는 엄마인 셈인데 엄마라는 호칭이 나올 수 없는 일이다. 그런데 톨이 함께 사는 것을 너무 싫어해서 머리채를 잡고 싸운다는 것이다.

지금 톨은 정신적으로 의지할 곳이 없고 집에 들어가기 싫어 사촌 동생의 집에서 지낸다. 돈이 필요해서 아버지에게 가면 새로 들어온 부인이 욕을 하며 문전 박대를 한다고 한다. 다시 한국에 가서 일하겠다는 생각을 굳히고 있는 딱한 형편의 청년을 위해 내가 할 수 있는 일은 권면과 기도뿐이었다. 그래서 톨은 나를 의지하면서 나를 자기 아빠보다 더 다정하고 인자한 분이라며 사촌 두 명과 함께 집에 자주 방문하곤 한다.

세계 어느 곳이나 가정의 문제는 있기 마련이지만, 몽골 가정만큼 심각한 곳이 있겠나 하는 생각이 들었다. 물론 이제까지 피상적으로만 알던 일들이 선교지라는 구체적인 상황에서 직접적으로 다가오는 것 때문일 수 있다. 짧은 일 년을 이곳에서 지내며 듣고 느끼는 것은 가정 문화의 변화를 위해 무언가 할 수 있는 일이 있다면 그것을 나의 중점적인 사역으로 삼겠다는 마음을 먹고 있다.

생각 없이 감정과 본능에 충실한 이들의 삶의 방식이 얼마나 가슴 아픈 결과를 낳고 있는가?

이 땅을 바라볼수록, 사람들을 만나며 이야기를 나눌수록, 사람의 힘으로는 해결할 수 없는 일들이 산재해 있음을 느낀다. 사막에 이정표가 없으면 가는 길이 험하고 힘든 것처럼, 이들이 이정표 없이 그저 흘러가는 대로 살아가는 모습에 오늘도 안타까움만 더해 간다.

아버지의 마음

2010년 12월 3일, 금

거의 홀로 지낸다는 이유로 먹거리를 준비하지 않아 떨어져 있는 아내를 비롯해 몽골 교인들이 걱정을 많이 하는 편이다. 많은 교인이 우리 집을 방문하는 편인데 냉장고에 음식이 거의 없고 라면 봉지만 쌓인 것을 보고 안타까워한다. 그래서 큰마음 먹고 시장에 나가 여러 가지 먹거리를 사들고 택시에 올라탔다.

늘 택시를 탈 때마다 마음에 염려가 많다. 오늘은 바가지요금을 얼마나 내야 하는지, 내가 원하는 목적지까지 올바로 가는지 등에 대한 불안함이 많다. 그래서 승차하자마자 인사를 하고 가방에서 껌이나 사탕을 하나씩 건네 가며 친근감을 주려고 애를 쓴다. 어쩌면 탐색전일 수 있다.

오늘 택시 운전사는 나이가 꽤 들어 보인다. 그래서 껌을 하나 주었더니 기사는 한국 제품은 좋은 것이라고 하면서 앞자리에 올려놓았다. 그래서 왜 안 씹고 올려놓느냐고 물었다. 혹시 치아 때문이냐고 거듭 물었다. 그에게는 대학 다니는 딸이 하나 있는데 아내는 병들어 누워 있고 자기 혼자 택시 영업을 해서 먹고산다고 했다. 딸에게 잘해 주지 못해 늘 미안한 마음이 있어 껌 하나이지만 집에 가서 줄 것이라고 했다.

갑자기 시드니에 있는 딸이 얼굴에 스쳐 갔다. 눈물이 핑 돌았다. 나보다 젊은 택시 운전사는 일흔이 훨씬 넘게 보였고 그는 몸이 힘들어 더 이상 택시 영업을 못 하겠다고 힘들게 말했다.

그래서 나는 그에게 내 나이가 얼마나 되어 보이냐고 물었더니 많아야 마흔다섯일 것이라고 했다. 그래서 내 나이를 말해 주었더니 젊은 사람이 거짓말한다고 핀잔하듯 말을 흐렸다. 그래서 거주증명서를 보여 주었더니 자기 형이라고 하면서 의아해했다. 나는 몽골에 온 목적과 하는 일들을 말해 주었다. 좋은 일을 하는 사람의 얼굴처럼 보였다고 하며 주름진 얼굴로 미소를 지었다. 가방에 하나 있는 면장갑과 껌 한 통을 주면서 건강하고 행복하게 살라고 축복하며 집 앞에서 내렸다.

황량한 사막보다 더 메마른 성격의 몽골 남자들에 대한 이미지가 오늘 한꺼번에 뒤바뀌고 말았다. 술 중독과 내일이 없어 보이는 대부분 남자들과 너무 차별되는 운전사는 어딘가 모르게 특별해 보였다. 작은 껌 하나라도 주고 싶은 아버지의 마음에 내 눈시울마저 촉촉하게 만들었다.

나는 몽골 아빠와 같은 마음이 있는가?

외동딸에게 무엇을 줄 수 있는가?

무리한 성탄절 준비의 후유증

2010년 12월 12일, 주일

두 주일 전 교회 직원회의에서 성탄절 특별 행사를 하기로 결정했다. 내가 맡은 성가대에서는 성탄에 관한 찬양 십여 곡을 발표하기로 해서 어제 처음으로 모였다. 교회는 넓어 춥기 때문에 몽골 전통복을 만드는 일을 하는 교인의 사업장에서 하루 종일 강행군을 펼쳤다. 성가대를 위해 하루를 직원들과 함께 쉬기로 했으니 마음 놓고 점심을 해 먹으면서 연습을 하라면서 배려를 베풀었다.

기도회를 시작으로 발성 연습과 전체적으로 한 번씩 불러 가며 어떠한 곡인지 익혀 갔다. 모든 대원은 이렇게 하루 종일 찬양을 배우는 적이 없었다면서 흥겨워했다. 오후부터 내 몸은 허리부터 온 몸에 매를 맞은 것처럼 통증이 왔다. 내색을 할 수 없어 저녁 늦게까지 연습을 마친 후 집으로 돌아왔다.

어젯밤 내내 잠을 깊이 잘 수 없었고 아침에는 도저히 일어날 기력이 없었다. 약을 먹기 위해 죽 한 그릇을 억지로 먹고 문밖으로 나가는데 몇 걸음 못 걷고 쓰러지고 말았다. 예배 시간에 일찍 가서 성가대 연습을 하고 예배에 들어가야 하는데 하는 생각만 있을 뿐 내 몸은 생각을 따라 주지 못했다. 결국, 침대에 다시 누울 수밖에 없었다.

정신없이 앓고 있는 터라 전화가 왔지만, 받을 기력이 없어 받지 못하고 얼마 동안 시간이 흘렀다. 그런데 성가대원 몇 명이 찾아왔다. 한 번도 주일예배나 성가대를 빠진 적이 없었는데 정해진 시간에 오지 않아서 전화를 했지만 받지도 않아 걱정을 하다가 온 것이다.

아무렇게 벗어 던진 양복에 묻은 흙먼지, 거실에 뒹굴고 있는 방한화 등을 보며 사태가 심각한 것을 인지한 것이다. 대원들은 내 침대 앞에 무릎을 꿇고 눈물로 기도했다. 이렇게 몰골이 형편없이 교인들을 맞이한 적은 한 번도 없었다. 하지만 어쩔 수 없었다. 그들의 눈물 어린 기도와 사랑으로 억지로 몸을 일으켰다. 대원들은 30여 분 있다가 성급히 돌아갔다. 그리고 곧 다시 청년들이 들어왔다. 내 마음에는 반가움보다 원망스러움이 더 많았다. 말할 수도 없고, 앉을 기력도 없는데 이 추한 모습을 보이는 것이 싫었다.

저녁에는 담임선교사 부부가 방문했다. 오늘 내가 교회에 나타나지 않은 것이 큰 사건이 되었다는 것이다. 이렇게 인기 있는 줄은 몰랐다며 농담을 던졌다. 사모는 따뜻한 물수건을 만들어 내 머리에 올려놓았다. 감사하다는 말이 입가에 머물기만 했다. 하루 종일 소리를 지르며 찬양을 가르치고, 약한 허리에 무리를 준 것이 몸살로 연결된 것이었다. 잘해 보려는 욕심이 앞섰다. 그러나 욕심처럼 모든 일이 잘되는 것은 아닌가 보다.

식탁에는 여러 가지 음식이 쌓여 있었다. 정신 차리라는 격려의 선물처럼 보였다. 그리스도의 사랑이 충만한 하루였다. 내가 이들에게 한 것이 없는데 감당할 수 없을 정도로 많은 사랑에 감격한 날이었다. 더욱 힘을 내어 주어진 작은 일이라도 최선을 다하고 마음을 다하는 것이 내게 맡겨진 사명임을 절감하는 하루였다. 몸은 여전히 힘들었지만, 하나님의 은혜를 생각하니 감격의 뜨거운 눈물이 흘러내렸다.

감동적인 한의사

2010년 12월 15일, 수

어제는 오후 내내 볼을 에는 눈보라가 치더니 오늘은 눈과 햇살이 조화를 이루며 눈부시도록 반짝였다. 그래서 몽골인들은 겨울에도 썬글라스(Sunglasses)를 쓰고 다닌다.

어제 가깝게 지내는 선교사 부부가 음식을 만들어 가져왔다. 건강이 약해 힘들어 하는 나를 위해 수고를 하는 부부다. 그러면서 자기들도 첫 두 해 동안은 여러 차례 앓았고 지금도 그다지 좋은 편은 아니라고 했다. 대화 끝에 내일 한의사로 몽골에 들어와 수고하는 선교사에게 가자고 제의해서 쾌히 승낙했다. 건강을 빨리 회복하는 것이 내게 급선무였다. 아침에 일찍 일어나 채비하고 어제 왔던 사모와 버스 정류장에서 만나 한의사가 일하는 게르 진료소에 도착했다. 집에서부터 한 시간 이상을 버스로 가는 거리고 두 번이나 갈아타야 하는 번거로움이 있었다.

처음 대면하는 선교사는 좋은 인상으로 친절히 대해 주었다. 게르 중앙에 있는 석탄 난로 위에는 한국에서 가져온 보리차를 끓이고 있어 초등학교 시절 투박한 교실을 연상하게 했다. 정겨움에 잠시 향수에 젖어 있었다. 한의사는 나의 진맥을 잡고 잠시 있더니 풍채는 건장한 데 기력이 쇠했다는 전형적인 한의사의 진단을 했다. 그러나 정확한 표현이었다. 혼자 식사를 거르는 적이 많았고, 안팎으로 불어 대는 눈보라와 황사에 약해진 것이다.

있는 그대로 쓴 일기장을 넘겨보면 늘 피곤해했고, 몸살을 앓은 흔적이 의외로 많았다. 시드니에서는 병원 갈 일이 없을 정도로 건강 체질이었는데 … . 온실에서 자란 묘목을 노지에 옮겨 심으면 새로운 땅에 적응하기가 쉽지 않다고 하는데, 많은 나이는 아니지만 척박하기에 이를 데 없는 몽골이란 노지에 몸을 옮겨 심으니 당연한 일일 것이다.

한의사로 오게 된 사연을 듣게 되었는데 많은 감동을 받았다. 직장 생활을 하던 중 친구들과 어울려 술과 담배에 찌든 상태로 살다가 우연히 복음을 듣게 되었다고 한다. 예수를 구주로 영접하고 세례를 받으면서 지난날이 너무 부끄럽고 후회가 되었다. 그래서 나머지 삶을 하나님 앞에 어떻게 살 것인지를 고민하며 기도하던 중 한의학을 공부해 필요한 곳에 가겠다고 결심했다는 것이다. 경희대학교 한의학과를 마친 후 몽골로 오기로 결심하는 과정에서 부인은 정신 나간 사람이 되었다면서 떠났다고 한다. 주님 앞에 새로운 삶을 결심한 것으로 아내를 잃은 것이다.

한의사로 일하며 평신도 선교사로 몽골인들을 무료로 치료하는 동갑내기 선교사는 보리차 수증기를 타고 은은하게 내게 감동을 선물했다. 이렇게 고상한 사랑으로 선교를 하니 사람마다 마음의 평안을 받는 것이고, 치료받기 위해 오는 발걸음이 꽤 많은 것을 볼 수 있었다.

나는 치료를 받으러 가서 은혜를 받았고, 몽골인들을 더 사랑 해야겠다고 마음을 굳게 먹었다. 몸의 쇠약함보다는 영혼이 더 메말라 가던 나는 신선한 도전의 생수를 마신 복된 하루였다.

파송 교회 선교 담당 장로님의 몽골 방문

2010년 12월 15일, 수

콧물이 얼어붙을 정도로 매서운 날씨이지만 게르 사역을 주도하는 시드니 파송 교회 장로님이 몽골에 도착했다. 시드니에서 작은 카페를 운영하면서 그 수익금으로 여러 나라를 순회하며 선교사들을 후원하는 것은 쉽지 않은 일이다. 새벽 두 시부터 일어나 준비해 첫 기차로 출근하는 손님들에게 빵과 커피를 판매하고 있다. 참으로 부지런하고 귀한 일꾼이다.

지난 5월에 몽골에 와서 은혜를 받은 이후 몽골 땅의 불쌍한 걸인들을 위해 헌신한다는 것은 나 같아도 쉽지 않은 일이라고 여겨진다. 하나님이 사업 위에 많은 축복을 베풀어 주시기만 간절히 바랄 뿐이다. 이번 방문 기간에는 게르를 설치하고 난방을 위한 석탄을 창고에 채우며 짧은 일정 동안 많은 일을 처리했다. 그리고 우리 두 사람은 이른 새벽에 일어나 하나님이 허락하신 게르 사역이 더욱 풍성하게 결실하도록 기도하며 효율적인 사역의 방향에 대해 의논하는 시간을 가졌다.

게르 사역은 생각보다 단순한 일이 아니다. 수년 전 독일 구제 단체에서 게르 사역을 했는데 한 걸인이 술을 먹고 저녁에 들어와 게르에 불을 질러 게르 전체가 타 버렸고, 설상가상으로 몇 사람이 다친 사고로 인해 몽골 정부로부터 선교사들이 추방당했다고 들었다.

그런데도 나는 겁도 없이 다시 시작하게 되었다. 협력 교회의 몇몇 사역자가 적잖은 우려를 했지만, 그와 같은 일은 다시 일어나지 않을 것이니 걱정 말고 도와 달라는 부탁을 했다. 게르 사역은 10채의 게르에 50명 정도 수용할 수 있다. 아직은 반 정도밖에 입주하지 않았지만 장로님과 나는 그들을 방문하면서 이름을 물으며 인사를 나누고 더욱 나은 삶을 위해 위로하며 하나님께 기도하는 시간을 보냈다.

걸인들을 위해 주거지를 제공하고, 빵이나 약품과 의복 등으로 따뜻한 겨울을 지낼 수 있도록 편의를 제공하는 것이 우선이겠지만 더욱 시급한 일은 이들의 인생을 하나님의 사랑으로 변화시키는 일이 최종적인 목표다. 사람을 변화시키는 것은 물질이 아니라 하나님의 말씀밖에 없다고 확신하면서 이 게르 사역을 추진하고 있다.

몽골 정부나 가족이 버린 가엾기 짝이 없는 이들, 사람으로 인정하지 않을 정도로 철저히 버림받은 인생들이지만, 하나님의 꿈을 갖고 사랑을 공급하면 이들의 영혼이 회복되리라 확신한다. 사람은 외면하고 발길질하며 버리지만, 하나님은 가련한 사람들을 매몰차게 버리시는 분이 아니기 때문이다.

장로님과 짧은 시간 함께 생활하면서 어떻게 하나님이 복을 주셨는지를 상세히 듣게 되었고, 하나님의 나라는 목회자를 통해 보다 많은 평신도의 헌신으로 이루어짐을 절감하게 되었다. 모든 것이 합력해 선을 이루시는 하나님의 섭리 앞에 감사하고 겸손해야 하리라.

한국에서 가족 상봉

2010년 12월 18일, 토

오늘은 시드니에서 사랑하는 가족이 오는 날이다. 정확히 일 년 전에 헤어진 후 만나는 뜻깊은 날이다. 특별히 사랑하는 딸과 상봉하는 날이라서 더욱 그렇다. 가족이 함께 살아야 하는데 아직 그렇지 못해 늘 미안하고 안타까운 마음이 많았다. 인천공항 입국장에서 기다리는 동안 가슴이 설레었다. 함께 살아갈 때는 어쩔 수 없이 갈등하며 때론 감정 폭발을 일으키기도 하지만 이렇게 그리워하며, 염려 가운데 지내다가 만나게 되는 기쁨을 맛보게 된 것이다. 건강한 모습으로 만날 수 있는 것에 감사가 흘렀다.

우리는 공항버스를 타고 잠실에 있는 선교관에 늦은 시간에 도착하게 되었다. 선교사가 많은 한국 교회, 반면에 선교사가 잠시 머물 수 있는 선교관은 지극히 부족한 형편이었다. 주로 교단 선교사 우선이어서 나와 같은 해외 교단 소속 선교사는 숙소를 얻기가 쉽지 않다.

스스로 "나는 아빠의 딸"이라고 할 정도로 나를 좋아하는 딸은 피곤한 여정이었음에도 잠을 잘 생각을 하지 않았다. 밀린 이야기가 너무 많고, 보고 싶었다면서 시드니를 떠날 때보다 수척해진 내 얼굴을 보며 안타까워했다. 딸의 얼굴을 자세히 보니 마음고생을 많이 한 느낌이 들었다. 처음에는 아빠를 너무 그리워해서 그런가 했더니 옆에서 아내가 한 마디 던진다. 아빠가 없는 동안 문단속부터 집안을 챙기느라 스트레스를 스스로 쌓아 왔다고 했다. 정신적인 노이로제가 생길 정도로 걱정을 했다는 말에 마음이 무거워졌다.

아들이 없으니, 바퀴벌레 하나도 잡지 못하던 딸이 거미나 벌레를 서슴없이 잡는 용감한 가장이 된 것이다. 사람이 처한 형편에 따라 살게 되어 있다고는 하지만 몇 가지 사례를 들으며 가장인 나는 무책임한 삶을 살고 있는 것은 아닌지 자책해 보기도 했다. 어느새 딸은 내 무릎을 베고 새근거리며 꿈나라로 가고 있었다. 길지 않은 우리 가족의 여행 기간에 많은 추억과 사랑을 나누는 시간이 되어야겠다는 마음이 들었다.

결혼해서 아내에게나 딸에게 작은 행복을 누리게 하지 못하고 늘 물가에 내보낸 철부지 아이처럼 염려를 끼친 지난날을 무엇으로 보상하겠는가?

부족한 아빠를, 그래서 더 애틋한 사랑하는 딸의 얼굴을 보며 몇 번이나 지키지 못할 다짐을 해 보았다.

제2부

사역의 기초를 세우다

2011년

몽골 선교의 대부 선교사가 떠나다

2011년 1월 31일, 월

    2008년 가을, 시드니에서 다른 두 명의 목사와 몽골을 찾았을 때 선배 선교사를 처음 만나 교제하며 남부 고비사막까지 동행했었다. 약 삼 주의 여정 가운데 많은 이야기를 나누며 몽골 선교에 강한 도전을 받아, 선교의 눈을 뜨게 되었고 그 결과 나는 몽골 땅을 찾게 되었다. 한 마디로 그는 나의 선교적 교두보의 역할을 한 셈이다.

    선배 선교사는 나와 같은 교회에서 13개월 동안 협력하며 내 사역의 언덕이 되어 주었고, 감사한 마음은 무엇이라 형언할 수 없을 정도다. 그런데 너무 갑작스럽게 몽골을 떠나 미국으로 간다는 것은 우리 부부에게는 청천벽력 같은 소식이다. 아내는 마치 부모 잃은 사람처럼 혼란한 얼굴을 지닌 채 나를 물끄러미 바라보았다. 나는 아내 얼굴의 의미를 충분히 알 것 같았다.

    20년 동안 첫 목회자 선교사로 몽골에 와서 얼마나 많은 고난을 겪으며 눈물을 흘렸을까?

    하나님에 대해 아무것도 모르던 무지한 이들에게 눈물로 기도하며 말씀으로 양육했던 그 수고는 하늘나라에 이미 축적돼 있으리라 확신한다. 구체적인 정황은 잘 모르지만, 개인적으로 볼 때 선물로 주신 세 자녀의 교육이나 미래에 대해 염려해 왔을 것이고, 몸과 마음의 안식이 필요했을 것이다.

또한, 늘 내게 입버릇처럼 말한 것은 현지인들에게 교회를 이양하는 문제였다. 그는 한국 선교사가 오래 붙잡고 있는 것보다 현지인들이 이끌어 가는 것이 선교적 관점에서 훨씬 효과적이라는 견해를 갖고 있었다. 맞는 말이지만 아직은 시기상조로 보였다.

후계자에게 리더십을 이양하는 집회에서나 어제 송별 예배 가운데 보여 준 영상을 통해 선배 선교사의 발자취를 넉넉히 감지할 수 있었다. 그리고 원근 각처에서 많은 몽골 지도자와 성도가 찾아와 영적 아버지와 같은 선교사에 대한 아쉬움의 눈물을 흘리는 모습들을 보았다. 그가 몽골에 이루어 놓은 많은 업적은 머지않아 결실해 하나님의 나라를 몽골 땅에 든든히 세울 수 있을 것이라 확신했다. 한편으로 보면 떠나는 것이 현지인들이 더 자립할 수 있는 기회가 될 수 있을 것이다.

환송하기 위해 공항으로 나온 몽골인들은 좁은 대합실을 꽉 채울 정도로 모였다. 선교사 사모는 가는 순간까지 어렵고 힘든 지방 교회 지도자들에게, 또 나이 드신 어른들에게 사랑과 눈물이 담긴 봉투를 쉴 새 없이 건네주었다. 오히려 떠나는 사람이 받아야 할 형편인데 그렇지 않음을 보고 받기 위해 손을 내미는 그들의 심정을 이해하기 어려웠다.

나 역시 선배 신교사를 떠나보내는 마음이 단순하지 않았다. 아직 배워야 할 일들이 얼마나 많은데 그냥 가느냐고 하며 투정했더니 빨리 가는 게 내게 도움이 될 것이라는 말을 남겼다. 우리 부부는 선교사 부부와 아이들과 눈물로 포옹을 한 후 대합실을 빠져나왔다. 돌아서서 가는 선교사 가족이나 보내는 몽골인들의 마음에는 아쉬움이 많겠다고 여겨졌다.

나 역시 언젠가는 저 가족처럼 떠날 날이 올 것이다.

그때 나는 어떤 그림자를 남기고 공항을 빠져나갈 것인가?

현지인들은 나에 대해 어떤 평가를 할 것인가?

부질없는 생각일 수 있지만 분명히 사람 앞과 하나님 앞에서 심판받게 될 것이기 때문이다.

하나님은 내게 몽골이란 사역지를 허락해 주시고 사역의 열매를 기대하고 계신다고 믿는다. 복음의 증인으로 부끄럽지 않는 상급을 기대하며 오늘을 충실히 감당해야 할 것이다. 마지막 기회라고 생각하며 최선을 다하는 일 외에는 달리 방법이 없으리라 본다.

다른 이들의 소중한 열매들과 교훈을 기억하면서 내게 주어진 일들을 온전히 감당하리라. 아내와 나는 늦도록 식탁에 앉아 떠난 선교사의 발자취를 되새기면서 앞으로 우리는 어떻게 사역을 감당할 것인지에 관해 이야기를 나누었다.

우물 헌금

2011년 3월 16일, 수

 지난해 성탄절에 친구 목사가 목회하고 있는 강원도 홍천을 방문한 적이 있었다. 그때 나는 게르 공동체와 걸인들의 삶을 이야기하면서 우물이 필요하다고 기도 요청을 했다. 성탄절 식사 후에 차를 마시고 있는데 K 집사님이 우리 부부 테이블에 동석하더니 우물을 파고 싶은 마음이 있으니 기도해 달라는 말을 했다. 목사는 그런 요청을 받게 되면 기도하겠다는 말로 답할 수밖에 없다. 더군다나 친구 교회이기에 더욱 조심스러웠다.

 그런 대화를 나눈 지 석 달쯤 되었을 때 친구 목사로부터 이메일이 왔다. K 집사님 부부가 우물 헌금을 하겠다는 것이다. 그래서 나는 집사님에게 글을 보냈다. 이미 그 가정의 형편을 들은 나는 목회자의 양심으로 우물 헌금을 하는 것에 대해 여유를 갖고 더 많이 기도한 후에 하라고 부탁했다. 그리고 한 번에 드리는 것도 좋지만 한 달에 조금씩 해도 되고, 또 안 해도 된다고 정중하게 이야기했다.

 하지만 그 부부의 생각에는 변화가 없었다. 결국 주일예배 때 강대상에 헌금을 올려놓았다는 것이다. 적지 않은 금액이어서 헌금함에 넣을 수 없었던 것 같다. 그 집사님 가정은 소규모 농사를 짓는 가정이었다. 세 명의 딸이 모두 학업 중이다. 수중에 갖고 있던 것도 아니고 은행에서 대출받아 선교적 열정을 표현한 것이다.

나를 위해 쓰는 것은 아니지만 당황하지 않을 수 없었다. 사람마다 물질의 가치와 유용성이 다 다르기 때문이다. 친구 목사는 성도의 형편을 너무 잘 알기에 재차 권면한 것으로 알고 있다. 하지만 내게 입금했으니 더 많은 기도를 하라는 부탁까지 했다. 눈물이 왈칵 쏟아져 내렸다. 부유한 사업가가 헌금을 해도 감동할 일인데 그렇지 않은 소박한 가정이 하나님을 사랑하고 몽골의 걸인들을 위해 헌금을 드린 사건은 쉽게 잊을 수 없는 일이다.

내 마음은 벌써 지하수가 솟구쳐 오르는 상상을 하고 있었다. 그리고 걸인들의 달라질 얼굴까지 예측하고 있었다. 한국 같으면 지하철에서 노숙하는 사람들은 화장실에서 샤워를 제외한 모든 것을 해결할 수 있다. 그러나 이곳은 상황이 너무 다르다. 평범한 주민들조차 빙판에 미끄러지면서까지 물을 길어 와 생활을 하고 있다.

또한, 인근 지역에 살고 있는 주민들에게도 물을 공급하면 얼마나 기쁠 것인가?

이러저러한 생각에 어린아이처럼 입가에 기쁨이 흘렀다. 그리고 헌금을 드린 가정을 위해 지속해서 기도하지 않을 수 없게 될 것이다. 걸인들에게나 주민들에게는 단순한 생수가 아닌 영원한 샘물과 다름이 없는 물이 될 것이다. 선교사로서 이러한 일들로 보람을 느끼고 하나님의 일하시는 모습을 발견하게 된다.

선교 현장에서 일어나는 많은 일을 어떻게 일일이 다 기록하겠는가?

나 같이 작은 사람이 감동스러운데 하나님은 얼마나 흡족하실까?

향유 옥합을 깨뜨려 예수님의 장사를 기념한 마리아처럼 헌신한 K 집사님 부부에게 마르지 않는 복의 통로가 되기를 간절히 기도했다.

위기를 모면하게 해 준 여대생

2011년 3월 24일, 목

　나는 울란바토르대학교에서 교양 과목을 강의하며 출판부에서 출판 사역을 하고 있다. 대학생이 읽어야 할 필독서를 선정해 번역 및 출판하는 사역이다. 몇 개 대학의 도서관을 탐방해 보았다. 러시아 식민지 시대의 책들만 햇빛에 바랜 상태로 쓰러져 있음을 보았다. 한마디로, 학생들이 읽고 세계관을 넓힐 만한 서적이 전무했다. 심지어는 교수들조차 어디선가 복사해 온 교재를 들고 와서 읽어 주고 나가는 정도의 수업 장면을 보게 되었다.

　오늘은 오전 내내 이 백여 학생을 모아 놓고 강의했고, 출판부에서 늦은 시간까지 업무를 보고 나왔다. 집으로 가기 위해 학교 앞에서 버스를 기다리고 있는데 젊은 두 사람이 내 주위를 맴돌며 어지럽히고 있었다. 짓궂은 사람들이겠거니 생각하고 있는데 갑자기 한 여학생이 내게 와서 말을 제대로 못 하며 다가왔다.

　영문을 모르고 서 있는데 두 사람이 여학생에게 다가가더니 "귓속말로 저 사람 중국 사람이야?"라고 말했다. 신경을 곤두세우고 있는 터라 들을 수 있었다. 거기에 대해 여학생은 이렇게 답변하고 있었다.

　"우리 학교 교수님이신데 무슨 일이냐?"

그러는 동안 버스가 다가와 재빨리 올라탔다. 그 두 사람도 함께 올라와서 버스 안을 둘러보다가 다시 내렸다.

여학생은 그 두 사람이 어떤 사람들인지 알고 있었고, 나를 대상으로 무언가 해를 끼칠 것에 대해 눈치를 채고 도와주기 위해 접근한 것이다. 그 고마운 대학생은 다음 정류장에서 내렸다. 아마 나를 안전한 곳까지 보호해 주려는 생각이었던 것 같았다. 만약 그 여학생이 나를 도와주지 않았더라면 또 다시 큰 봉변을 당했을 것은 뻔한 일이었다. 그후 버스 타기가 겁이 났다. 학교 바로 앞에 있는 정류장이어서 피할 수 없는 곳이다.

다음에 학교에서 만나게 되면 식사라도 함께해야겠다는 마음만 스쳐 갔다. 그러나 얼굴은 기억나지 않았다. 가방을 자주 낚아채 가기 때문에 반드시 앞으로 메고 다녀야 한다. 긴장이 풀리는가 하면 사건이 생겨 다시 긴장하게 한다.

이곳에서 하루하루 아무 탈 없이 건강하게 살아간다는 것은 주님의 인도하심과 축복이 아닐 수 없다. 그래서 집을 나설 때마다 간절한 마음으로 기도하는 습관이 들게 되었다.

"쉬지 말고 기도하라."

이러한 생활 가운데 또 다른 영적인 지혜를 얻게 되는 것이 있다. 신앙인이 조금만 방심하면 사단은 어느새 침투하게 되고 우리는 시험에 빠지게 된다는 지극히 작은 원리를 새삼 곱씹게 된다. 그저 감사하고 주님의 인도하심이라는 고백밖에는 더할 말이 없다.

끝이 없는 길
2011년 3월 31일, 목

게르 마을 걸인들의 삶을 바라보며 그들의 가난이 끝이 보이지 않아 안타까운 마음이 들 수밖에 없다. 아직 전기 시설이 없어 어두운 게르 안에 사람들의 얼굴이나 몇 개 안 되는 생활 도구에 이르기까지 빛깔이 없다. 낮에는 온종일 거리를 배회하며 돈이 될 만한 것들을 수집하고 그것을 팔아 적은 생활비를 손에 쥐고 저녁 무렵에 게르 마을로 돌아온다.

자기나 가족의 생계를 생각해 먹거리를 구입하기보다는 술을 더 좋아하는 저들의 습성은 언제 변화될지 끝이 보이지 않는다. 게르 안에서 술을 먹고 싸우고, 기물을 파손하는 것은 일상이다. 그래서 경찰이 한밤중에 와서 내어쫓는 일이 수시로 일어나고 있다. 그럴 때마다 불려 가곤 한다. 내일에 대한 아무런 대책이나 방법이 없는 저들의 삶의 반복을 보면 안타까움과 절망에 찬 한숨만 깊어지고 어디서부터 손을 써야 하는지, 내가 감당할 부분은 어디까지인지 기도할 뿐이다.

그래서 나는 울란바토르대학교 출판부에서 일을 하면서 대학생들의 의식구조를 바꾸기 위해 출판하고 있는 책 읽기 운동을 홍보하고 있다. 러시아 식민지 시절에는 러시아 문학을 공부했다고 하는데 지금의 풍토로 보아서는 극히 일부에서만 그런 것이 아니었는지 모른다. 책을 읽어야 하는 이유부터 가르치기 시작해 독서 클럽을 운영해 지도하고 학점제를 도입해

의무적으로 읽혀 보려고 구조를 세워 가고 있다. 현재 세 권의 책을 몽골어로 번역해 출판하였고, 올해 안에 20여 권이 출판될 예정이며 향후 100권의 동서양 서적들을 몽골어로 출판할 계획을 갖고 있다.

한 나라의 미래는 대학생들에게 달려 있는데 미래에 대한 희망이 없이 살아가는 저들의 모습을 보면서 안타까웠지만 무엇보다 이들에게는 다른 사람을 배려하고 더불어 살아가는 방법을 가르칠 필요가 있고 가치관의 변화를 통해 이것을 가르치고자 한다. 새삼 사람의 의식이나 문화 의식에 변화를 불러온다는 것은 그리 단순한 문제가 아님을 다시 한번 깨닫게 되었다.

사람의 눈으로만 보면 게르 마을의 내일이나 이 나라를 비롯해 국민들이나 심지어는 교회를 다니는 신앙인들에게 이르기까지 끝이 보이지 않는다고 낙심할 수밖에 없다. 하지만 우리 주님도 끝이 보이지 않는 길을 걷기 위해 이 땅에 오셨고 짧은 생애를 가난하고 내일이 없는 자들의 삶 속에 깊이 들어와 함께 살아가시며 복음을 통해 우리에게 영원한 생명을 주셨음을 기억하며 그들의 영혼을 품고 희망을 품게 된다.

하루는 예배를 마치고 교회 지도자와 길을 걸으면서 언제 몽골의 거리 질서나 사람들의 문화 수준이 바뀌겠느냐고 물었더니 그는 앞으로 20년을 바라보며 이렇게 답변했다.

"교회가 성장하고 좋은 신앙인들이 사회에 퍼져 나갈 때 비전이 있지 않겠습니까?"

몽골의 기독교 역사는 현재 20년이라고 하지만 더 추리해 보면 징기스칸 이전부터 실크로드를 타고 복음이 들어온 문헌을 볼 수 있다. 그런데 지금은 라마 불교와 우상과 미신, 각종 이단으로 가득한 사회가 되어버렸다. 시대를 거슬러 올라가 보면 유럽을 말발굽으로 제패하고 위엄을 떨친 그 기상의 자존심이 허상으로 남아있고, 또한 오랫 동안 우리 민족을 힘들게 한 적도 있는 몽골 민족이지만 이곳에 살면서 그들을 바라볼 때는 그야말로 이정표 없는 척박한 사막과 같은 환경이다.

　이러한 생각 가운데 게르 마을을 세워 '예수마을운동'을 시작한 것이다.

　이 일을 어찌 나 혼자 할 수 있으랴?

　내 주변에 있는 동역자들과 교회들의 끊임없는 헌신과 기도는 몽골 민족을 더 나은 길, 생명의 길로 인도하게 되리라 확신한다. 바다가 생긴 이래로 한 순간도 파도가 멈춘 날이 없는 것처럼 세상의 난기류가 우리를 힘들게 하고 있지만, 소망을 잃지 않고 모두가 함께 생명 되신 주님만 바라보면 되리라고 믿는 마음이다.

　몽골 땅에 복음의 불길이 타오를 그날까지 거룩한 하나님 백성들의 눈물과 정성은 무엇과도 바꿀 수 없는 소중한 열매로 맺혀 지리라. 과거에 척박하고 무지하고 가난했던 대한민국이 받은 복음의 빛, 사랑의 빚을 생각하면서 가난한 이들에게 삶의 자리로부터 영혼에 이르기까지 품고 기도하는 일이 나의 일이요, 선교가 아닐지 생각해 본다.

게르 마을 노숙자들의 삶

2011년 4월 15일, 금

오늘은 게르 마을 공동체 안에 있는 식구들과 하루를 보내기로 했다. 도로 군데군데 열려 있는 맨홀을 오르내리는 이들이 지상에 나와 새로운 정착지에서 어떻게 사는지 궁금했다. 이들은 눈을 뜨면 부대 자루 하나를 어깨에 메고는 온종일 거리를 누비며 병을 주워 팔아 약간의 수입을 얻는다. 그 수입으로 가장 먼저 구매하는 것은 술이고 나머지로는 빵을 사 들고 맨홀에 들어가거나 게르 마을로 돌아온다.

한 사람씩 면담하며 이름과 나이, 건강 상태 그리고 어떻게 이런 생활을 하는지 데이터를 작성했다. 대체로 부인과 싸우다가 홧김에 나왔다는 말이 많았다. 정확히 말하면 나온 것이 아니라 쫓겨난 것이다. 100퍼센트 알코올 중독자들이어서 매일 싸움을 피할 수 없는 일이고, 그렇게 도움이 안 될 바에야 안 보고 사는 게 편하다는 부인들의 말도 이해가 된다.

잠시 들어가 있는 게르 안에는 온갖 냄새가 찌들어 있어서 잠시도 서 있기가 힘들다. 씻지 않아 옷이나 이부자리는 더 이상 기능을 상실한 지 오래전이다. 지난달에 한국에 있는 목욕탕에서 찜질방 매트 백여 장을 얻어왔다. 목욕탕을 새롭게 단장하는데 너무 오래 된 매트였기 때문에 처분한다는 말을 듣고 내게 소개를 한 것이다. 버려질 매트는 이들에게 얼마나 좋은 잠자리가 되는지 모른다. 교인들마저도 달라는 사람들이 있어 몇 개 나누어 주기도 했다. 그러나 걸인 숙소에 들어오는 날부터 엉망진창이 되고 말았다.

한 젊은 여인은 두 살배기 딸아이를 데리고 내게 영어로 말했다. 그녀는 시골에서 올라와 국립대학교에서 공부하던 중 남자 친구를 만나 대책 없이 임신하게 되었고 남자는 어디론가 가버렸다는 것이다. 가족도 없이 홀몸으로 어린아이를 키우는 것을 보며 심히 안타까웠다. 오후가 되어서야 면담이 끝났다. 물 한 모금 마시지 못해서 그런지 몸에 기운이 다 빠져 버린 듯 힘이 없었다.

게르 공동체 안에 들어온 사람들은 학교에 다녀 본 적이 없는 사람으로부터 가수 출신까지 있었다. 이들은 함께 거리를 다니다가 친구가 되어 짝을 이루며 의지하고 살다가 들어온 사람들이다. 걸인들의 세계에 대해서 잘 모르지만 병을 줍기 위해 다른 지역을 침범할 수 없고, 맨홀이 온 시내를 연결하고 있어도 정해진 구역이 있다는 것이다. 그리고 아무 여자나 붙들고 이야기도 못 하게 되어 있다고 한다. 만일 그들의 규율을 어기는 날에는 집단 혈투를 벌일 정도다. 그야말로 특별 자치구에 해당하고 경찰의 관리 대상에서 벗어난 별천지에 속한다.

시드니에서 목회하면서 그 명분으로 손에 흙먼지 하나 묻히지 않고 살던 나는 이곳에 와서 이들과 마주 앉아 있는 것이 너무 신기했다. 사람의 환경이 바뀌어도 너무도 심하게 바뀐 것이다. 앞으로 이들의 삶을 향상시키고 하나님의 사랑으로 돌보면서 무언가 변화를 일으켜 세우는 일이 나의 일이 되었다. 단 한 명이라도 그렇게 될 수 있으면 좋겠다. 그러면 그를 통해 엄청난 효과를 이룰 수 있을 테니까, 지속해서 재원을 부어야 하는 이 사역을 주님께 올려 드린다. 또한, 동역자가 필요하고 하나님의 인도하심과 한량없는 은혜가 간절했다.

게르 마을 준공식

2011년 5월12일, 목

지난해 가을부터 본격적으로 준비해 온 게르 마을 준공식을 위해 시드니 파송 교회에서 담임목사님과 장로님들 그리고 다른 교회 목사님들과 아내가 3일 전에 몽골에 도착했다. 늦봄의 비교적 따스한 날씨에 여러 교회와 신학교를 방문하며 사역을 감당할 수 있어서 감사했다. 그런데 어젯밤에 갑자기 기온이 영하 15도로 급강하하면서 눈이 한 뼘 이상이 내렸다. 한 장로님이 숙소의 커튼을 열면서 소복이 내린 눈에 탄성을 지르셨다. 동시에 모두가 창문 가로 모였다. 어제 오후까지 좋았던 날씨가 급변해 몽골의 진수를 맛보게 되었다며 모두 신기해했다.

오전에는 구청 직원과 사역자들 그리고 걸인들이 한자리에 모여 준공식을 했다. 큰 게르 안에 130명 정도가 모였는데 걸인들의 냄새가 코를 찔렀다. 게르 사역에 관한 중요성과 걸인들의 삶을 위로하는 메시지, 축사와 청년들로 구성된 성가대의 찬양 등으로 준공식을 은혜롭게 마칠 수 있어서 감사했다.

이제부터 소외당하는 걸인들을 하나님의 사랑으로 더 품고 이들의 삶을 개선하는 일에 전념해야 한다. 아직 모든 것이 부족하고 경험이 적은 나로서는 부담스러운 일이 아닐 수 없다. 시드니에서 목회할 때 호주 교회와 공동 사역의 일환으로 공원에서 노숙자들에게 빵과 소시지를 구워 제공한 경험이 있지만 그 환경과 지금의 몽골 상황은 비교할 수 없다. 사역적인 내용이나 사람들의 성향도 너무 다르다. 그러나 하나님이 내게 주신 사명이라고 확신하기에 두려운 마음으로 시작한 것이다.

가난은 임금님도 해결할 수 없다는 말이 있듯이 어느 나라이든지 노숙자는 있기 마련이다. 울란바토르 안에만 수만 명이 있다. 물론 이 모두를 위해 무엇을 할 수는 없지만, 그 가운데 단 몇 명에게라도 하나님의 사랑을 일깨워 주고, 사랑으로 품을 수 있다면 다행스러운 일이 될 것이다. 이들을 돌보는 일은 물질적인 조건이나 그럴듯한 시설을 제공하는 것보다는 상처받고, 삶의 의욕이 없어 술에 찌든 영혼들에게 작은 마음을 나누는 것이 최상이라고 생각한다. 곧 하나님 아버지의 마음이다. 아들을 죽게 하시면서까지 우리를 구원하신, 측량할 수 없는 아버지의 마음이 저들을 향한 대안일 것이다.

이 일을 위해 가장 부족한 나를 이 땅에 보내신 것이 아닐까 생각하며 지난 몇 개월 동안 사역을 감당해 왔다. 짧은 시간이었지만 눈물조차 나지 않을 정도로 처참한 순간이 있었고, 돕는 사역자들로 인해 가슴 아픈 일들도 있었다. 하지만 이러한 작은 일들로 주어진 사명이 방해될 수 없다. 끝까지 바라보고 인내하며 묵묵히 일을 감당하다 보면 더 큰 것을 바라보게 될 것이며 힘이 생기리라 확신한다.

주님!
이들에게 꿈을 심는 농부가 되게 하시고, 어떠한 어려움 가운데서라도 주님이 우리를 향해 베푸시는 그 사랑의 끈을 놓지 않게 하소서!
그래서 저들이 이제까지 알지 못했던 놀라운 사랑을 마음에 품을 수 있게 도와주소서!

브리스길라와 아굴라 같은 가정

2011년 5월 20일, 금

　미국 워싱턴에서 개최하는 '해외한인장로회총회'에 처음으로 참석했다. 총회가 열리기 전에 총회 선교부장으로 섬겨 온 목사님이 소속 선교사들을 위해 선교 대회를 열었다. 총 12명의 선교사가 각국에서 모여 사역을 소개하며 기도 제목을 나누는 뜻깊은 시간을 가질 수 있었다. 교회 규모와는 관계없이 선교적 빚진 자의 마음으로 선교 대회를 열어 사랑을 나누고 싶었다는 소감을 이야기했다.

　단일 교회가 선교사들을 위해 무언가를 한다는 것 자체가 상당한 부담이 될 수밖에 없는 일이다. 그것을 뒷바라지하는 교인들도 마찬가지다. 우리는 모두 한 가정에 함께 머물며 많은 교제를 나눌 수 있었다. 사업체를 여럿 소유한 젊은 CEO이지만 쉽지 않은 일인데 최선을 다해 분에 넘치는 사랑으로 한 주일 동안 지낼 수 있었다.

　부인 집사는 모든 자기 시간을 내어 지금까지 살아온 이야기, 하나님이 부어 주시는 은혜와 축복을 이야기해 주었다. 베풂을 시작함으로 부어진 축복을 간증하며 밤이 가는 줄 모르고 은혜를 나누었다. 다 같은 하나님의 은혜를 받은 신앙인이지만 하나님의 사랑을 표현하는 방법은 제각기 다른 것을 느낄 수 있었다.

일반적으로 축복을 받고 어느 정도의 환경이 조성되어야 누군가를 생각하게 된다. 당장 눈에 보이지 않고 어쩌면 막연한 미래적인 약속을 내 현실로 받아들인다는 것은 대단한 신뢰와 믿음일 것이다.

부인 집사는 8년 전 어떤 것도 베풀 만한 환경이 아니었지만 믿음으로 다른 성도들을 사랑으로 대접하는 일을 실천하면서 감당할 수 없는 물질의 복을 받게 되었다고 고백했다. 그리고 그러한 초심이 주님이 오시는 그 날까지 변하지 않고 지속적인 신앙의 삶이 되기를 바라며, 또한 교회와 모든 성도에게 모범적인 가정이 되기를 기도하며 아쉬운 작별을 고했다.

워싱턴 몽골교회 가정 세미나 캠프

2011년 5월 29일, 주일

공교롭게도 미국 워싱턴에서 개최하는 총회가 끝나고 그곳으로부터 가까운 곳에 지난 1월에 몽골에서 함께 사역했던 선배 선교사 가정이 있었다. 선교사 사모는 오래전에 워싱턴에서 몽골교회를 개척하였다. 이후 이 교회는 헌신을 다해 낯선 이국 땅에서 고생하며 살아가는 몽골인들의 어머니와 같은 존재가 되었다.

선교사 부부는 내게 총회를 마친 후 몽골교회에서 가정 세미나를 요청했다. 나는 유명한 강사도 아니고, 가정 세미나에 참여한 경험도 많지 않은데 … 대답은 해 놓았지만 걱정이 쌓이기 시작했다. 세미나는 월요일부터 시작했기 때문에 주일예배 설교를 했고, 월요일부터는 기도원으로 옮겨 삼 일 동안 쉴 틈 없이 강행군했다.

그런데 하루 종일 강사 한 명으로 한 주제를 갖고 외친다는 것은 쉬운 일이 아니었다. 기도원이라고 하지만 숙소 시설이 되어 있지 않은 일반 교회와 같았다. 그래서 의자를 붙여 놓고 잠을 자야 했기에 허리에 통증이 심하게 일어났다. 진땀이 나고 목이 쉴 정도였다. 마지막 날에는 의자에 앉아 강의를 할 정도로 녹초가 되고 말았다.

몽골에서 미국으로 건너온 이민자들에게 가장 큰 문제는 가정사였다. 미국 현지인과 결혼한 사람, 외로움 때문에 가정을 가지고 있지만 합법적이지 않은 상태로 살아가는 이들의 갈등, 자녀들을 본국에 떼어 놓고 만나지 못해 안타까운 마음으로 살아가는 몽골 이민자들의 얼굴을 바라보며 열정으로 사랑을 나누는 시간이 된 것이 참으로 감사했다.

지치고 눈물이 가득한 이들에게 상담학에 대한 이론이나 가정 세미나에 대해 원론적인 것을 다룬다는 것은 상황에 맞지 않음을 감안한 것이 오히려 진한 감동을 일으킨 것 같았다. 물론 며칠 동안의 세미나가 아무리 훌륭하다 할지라도 그것으로 어떤 열매를 바라볼 수는 없는 일이다. 하지만 잊고 있었던 자기를 발견하고, 신앙인으로 가족의 정체성을 나눈다는 것은 중요한 덕목이 아닌가 생각된다.

몸은 말할 수 없이 피곤하고 지쳐 있지만 함께 울고 웃으며 나눈 시간을 통해 작은 회복을 이룬 것 같아 마음은 행복했다. 이러한 경험을 통해 하나님이 내게 주신 사명이 무엇인지 생각할 수 있는 시간이 되었고 그리고 내게 부여하신 재능을 어떻게 계발해 사람을 섬기며 살 것인지 더 궁리하게 됐다.

워싱턴에서 시드니를 거쳐 몽골 도착

2011년 7월 15일, 금

야전 병원으로 바뀐 교회 … 지난 두 달 동안 지구 반 바퀴를 여행한 시간을 돌아보면 꿈결과 같았다. 미국에서 있었던 총회와 선교 대회 그리고 워싱턴 몽골교회에서의 세미나, 플로리다에 계신 어머니를 뵙고 다시 시드니에서의 선교 보고와 가족과의 만남 등 알찬 시간들을 보낼 수 있었다. 육체적으로는 몹시 피곤했지만 놀라운 사랑으로 충전된 마음은 구름 위를 둥둥 떠다니는 것 같았다.

떨어지지 않는 발걸음으로 시드니를 떠나 사역지인 몽골교회에 도착했을 때 교인들의 표정은 마치 초상집 같았다. 둘러보니 머리에 붕대를 맨 장로님, 팔에 깁스를 한 여자 집사님 그리고 몇 분은 허리를 다쳐서 교회에 못 나왔다는 말을 전해 들었다. 무엇보다도 전도 여행 팀장인 남부 지역 신학교 교장 목사님은 다리가 골절되어 목발을 짚고 계셨다. 일주일의 선교 여행을 마치고 돌아오는 길에 미니버스를 운전하던 운전사가 너무 피곤한 탓에 졸다가 버스가 언덕 아래로 굴러떨어졌다고 했다.

예배 시간 내내 적막이 흘렀다. 평상시에는 드럼, 전자 기타와 키보드 등이 연주되고 그 분위기에 일어서서 손뼉을 치며 찬양하며 예배를 드렸다. 그러나 오늘은 전혀 달랐다. 시간도 두 시간 드리던 예배가 반으로 줄었다. 미국으로 떠났다 여름 단기팀을 인솔하기 위해 다시 몽골교회를 찾은 선교사는 설교 내내 마음 아파하며 목소리가 들리지 않을 정도였다.

내게는 남이 모르는 마음의 고통이 밀려왔다. 본래 전도 여행은 두 팀으로 나누어 가기로 했고, 그중 한 팀은 내가 팀장으로 홉수골이라는 지역으로 떠나기로 예정되어 있었다. 그러나 시드니에서의 일정이 연기되는 바람에 일주일 이상 늦게 도착하게 되어 갑자기 팀장을 바꾸게 된 것이었다. 그런데 가장 연세가 많은 목사님이 크게 다친 것을 본 후 마치 이러한 일이 일어날 것을 알고 늦게 온 것 같은 느낌이 들어 예배 시간 내내 죄스러운 마음이 들었다.

오늘은 주일이어서 병원에 입원하지 못하고 교회에 왔지만, 월요일부터는 치료와 입원이 가능하다는 광고를 들었다. 주일에는 의사가 출근을 안 한다는 것이다. 위기에 처한 환자는 어떻게 될 것인지 마음이 착잡했다. 사실 그동안 병원 심방을 다니면서 심각할 정도로 낙후된 환경에서 치료받는 것을 보면서 마음이 무거웠다. 의사들의 불친절을 비롯해 코를 찌르는 크레졸 냄새와 담배 연기로 가득한 병실이나 복도에 오래 있을 수 없고, 또 엘리베이터는 거의 설치되어 있지 않은 건물이 많았고, 있어도 낙후되었기에 자주 중단되어 불편함이 이루 말할 수 없었다.

생명을 다루는 병원만큼은 하루속히 개선되어야 하고 국가적인 차원에서 투자해야 한다는 간절한 마음이 들었다. 다친 교인들이 하나님의 은혜와 치유의 역사로 이른 시일 안에 쾌유하기를 간절히 바라는 마음뿐이다.

워싱턴에 있는 한인 교회 단기팀의 사역과 비보

2011년 7월 20일, 수

여독이 풀리지 않은 상태에서 워싱턴에서 온 한인 교회 단기팀과 합류해 울란바토르로부터 550킬로미터 떨어진 수호바타르라는 작은 읍에 도착하게 되었다. 지방으로 가는 길은 어디나 똑같이 위험천만한 길이 연속되어 여간 피곤한 여정이 아니다. 10시간 이상 달려와 모두가 지쳐 있었다.

한 현지인의 집에 도착했는데 한국 지리산 골짜기에 있는 움막 같아 보였다. 늦은 저녁을 하는 주인아주머니가 쇠똥 말린 것으로 밥을 지었다. 너무 인상적인 장면이었다. 한편으로는 신기해 보였다. 미국에서 생활하다가 몽골에 온 여집사님들이 몽골 시골 아낙이 지어주는 식사를 제대로 받아먹기는 쉽지 않았다. 물론 나 역시 그랬다. 표정 관리가 좀처럼 되지 않았다. 쇠파리가 얼굴을 뜯었고, 더위는 한밤에도 식을 줄 몰랐다. 창고 같은 움막에 비닐 장판을 깔고 잠을 자야 했다. 바로 옆에는 외양간이었다. 딱딱한 흙바닥, 외양간에서 풍겨 나오는 천연 비료 냄새가 온몸에 배고 말았다.

우리가 묵고 있는 집에 젊은 남자가 있어서 그를 그 지역을 담당하는 지도자로 세웠다. 그곳에는 교회가 없었기에 그는 교회를 다닌 적도 없었지만 마치 사도 바울이 지역을 다니며 교회를 세웠던 것처럼 우리는 예배와 즉흥적인 안수식을 통해 한 명의 지도자를 세운 것이다.

　선교 초년생이 이 모든 것을 다 이해할 수 없어 묵묵히 순서에 따르고 있었다. 그렇게 하룻밤을 지내고 오늘은 그 지역을 세 팀으로 나누어 돌며 지역 전도를 하는데 날씨가 무척 후덥지근했다. 나무 그늘 하나 없었지만 전봇대 그늘에서 쉬고 있는 중 팀장 선교사의 전화기가 바람 소리조차 잠들고 있는 조용한 마을에 요란하게 울렸다.

　선교사의 목소리가 한 옥타브 정도 뚝 떨어졌다. 옆에서 그 모습을 보던 나는 무언가 심상치 않은 일이 벌어짐을 느낄 수 있었다. 신학교 교장 목사님이 지난 사고로 병원에서 수술을 시작하기 전에 마취가 잘못되어 주님의 부름을 받았다는 비보였다. 내 바로 옆에 그 목사님의 외동딸이 함께 있었다. 처음에는 믿기지 않는다는 표정으로 있다가 마을 전체에 통곡 소리가 퍼지기 시작했다. 막힘이 없는 마을이기에 주민들이 의아한 표정으로 하나둘 나와 우리에게로 다가왔다.

　담당 선교사는 사단의 역사라고 하면서 모든 일정을 다 마치고 돌아갈 것인지 아니면 딸과 몇 명이 먼저 갈 것인지를 고민하고 있었다. 나는 장거리를 힘겹게 오기는 했지만 우리는 모두 함께 돌아가야 한다고 고집을 부렸다. 결국, 잠시 동안 기도회를 한 후 숙소에 돌아가 미니버스에 몸을 싣고 침통한 분위기로 밤새 달려왔다.

　우려했던 의료사고가 터지고 말았다. 의학 상식은 잘 모르지만, 마취는 생각보다 예민한 부분이어서 호주나 한국에서는 각서를 미리 받는다. 만일의 사태에 대한 조처라고 볼 수 있다. 물론 사람이 하는 일이기에 실수가 있기 마련이다. 그러나 마취를 맡은 의사는 목사님의 당뇨와 고혈압에 대한 고려를 전혀 점검하지 않고 알코올 중독자들 수준으로 마취를 독하게 했다는 말을 들었다. 68세의 목사로 아직도 할 일이 많은 이 땅에 아까운 목회자를 잃게 된 것이다.

강력계 형사 출신이 어느 날 주님을 만나 순한 양으로 변신하기 시작했고, 많은 영혼을 주님 앞으로 인도하며 헌신한 본보기가 되는 분이었다. 내가 그 어문고비신학교에 일주일간 갔을 때 얼마나 사랑을 받았는지 모른다. 그러한 기억들이 내내 머릿속을 떠나지 않았다. 하지만 그분이 뿌려놓은 씨앗은 자라게 될 것이다. 그의 복음과 사랑을 받은 후배들을 통해 이 땅에 많은 열매가 맺히리라 확신했다. 그리고 그 목사님의 장례식 내내 남이 알지 못하는 죄책감이 내 마음을 짓눌렀다.

버스 안에서 생긴 일

2011년 9월 17일, 토

시내에 있는 백화점에서 몽골 사역자를 만나기 위해 성급히 버스에 올라탔다. 그런데 무슨 영문인지 승객들은 일제히 코를 막고 있었고, 싸우는 소리가 들렸다. 걸인들은 비좁은 버스에 태우지 못하도록 법으로 묶어 두지는 않았지만, 워낙 지독한 냄새가 나기 때문에 아예 안내양이 문 앞에서 원초적으로 차단을 하고 있다. 그런데 이 걸인은 어떻게 했는지 버스 안에 들어와 바닥에 앉아 있었다. 안내양은 욕을 해가며 발로 걷어차고 내리라고 소리를 지르고 있었다. 만취된 걸인은 아랑곳하지 않고 바닥에 주저앉아 혼잣말로 중얼거리고 있었다. 그러다가 버스 중앙에 서 있는 나를 물끄러미 바라보더니 큰 소리로 인사를 한다.

"샌 베노 김 박샤?"(김 선생님 안녕하세요?)

나는 전혀 알지 못하는 사람이다. 아마 걸인 예배에 참석한 사람 중 한 명으로 추정이 된다. 그리고 내가 돌보는 게르 마을에 사는 사람도 아니었다. 그들은 나를 알겠지만 나는 그들을 잘 알 수 없다. 걸인은 많은 사람 앞에서 나를 소개하고 있었다.

"저 사람은 한국 사람으로 우리들에게 좋은 말을 해 주고, 먹을 것과 입을 옷을 주는 참 좋은 사람이다. 그리고 우리들을 사랑하는 좋은 분이다."

이렇게 거창하게 소개하는 동안 버스 안에 있던 승객들은 일제히 나를 향해 시선을 돌렸다. 나는 갑자기 얼굴이 뜨거웠다. 바로 옆에 앉아 있던 학생이 나를 잡아끌며 자리에 앉으라고 권했다. 엉거주춤 앉아 있다가 부끄러운 마음에 다음 정류장에서 죄인인 양 서둘러 뛰어내리고 말았다.

나는 걸인 사역을 시작하면서 가방 안에 면장갑, 코팅 장갑을 넣고 다니면서 지나가는 걸인들에게 하나씩 나누어 주곤 한다. 그리고 천 원짜리 한 두 장을 주면 고맙다는 말도 없이 받아 넣는다. 비위생적인 환경과 음식으로 언제 어디서 숨이 멈출지 모르는 불쌍한 영혼들을 바라만 보아도 안타까운 마음이 든다. 다 같이 하나님의 형상으로 지음을 받았는데 자기 관리를 하지 못해 사람답게 살지 못하는 걸인들은 우리들이 챙겨야 할 몫이 아닐까 하는 마음이다. 그러면서도 생각만 할 뿐 나는 여전히 풍족한 삶을 누리며 살아가고 있다.

버스 안에서 일어난 해프닝을 통해 소외당하고, 천대받는 걸인들을 더욱 사랑해야 하리라는 마음이 들었다. 짧은 설교이지만 듣는 사람이 있다는 것과 작은 마음이 전달되고 있다는 것을 깨달았다. 주일학교 아이들이 장난을 치며 소란을 피우지만 질문하면 어떻게 알았는지 곧잘 대답을 잘해서 대견한 것처럼, 무시를 받는 걸인들이 나의 작은 손짓과 입술의 이야기를 듣고 보고 있다는 것에 경각심을 갖게 되었다. 발길질을 당하는 걸인으로 또 다른 교훈을 얻은 소중한 하루였다.

사랑하는 딸이 몽골에 오다

2011년 9월 30일, 금

목젖이 깊숙이 보일 정도로 박장대소하는 외동딸이 아빠를 몽골에 보내 놓고 우울증이라는 단어를 알게 되었다고 말한 적이 있다. 아빠 얼굴을 모르는 딸이나 어떤 이유에서든지 아빠가 곁에 없는 딸은 가장 불행할 거라고 엄마에게 말하며 눈시울을 적셨다는 말도 아내에게서 들었다. 그래서 그 후부터는 더욱 자주 전화하곤 했다. 그런 딸이 몽골에서 일주일도 못 채우고 다시 한국을 거쳐 시드니로 갔다. 마음을 어찌해야 할지 몰라 서성이다가 책상에 앉아 사진들을 멍하니 바라보았다.

도착하는 날은 포근한 편이었다. 9월 말경에 눈이 온다고 했더니 모자와 목도리까지 챙겨 온 것이 짐이 된다고 원망 섞인 혼잣말을 할 정도였다. 그러나 웬걸 다음 날 아침이 되어 커튼을 열어젖히니 온 주변이 하얗게 눈으로 덮여 있었다. 딸아이는 9월에 오는 눈은 처음이라고 하면서 말을 잇지 못했다. 지금부터 시작된 몽골의 눈은 거의 6개월 이상 온다는 것을 알고 아빠의 수고를 짐작하고 있었다.

함께 간단한 아침을 먹고 시내로 나갔다. 오랜 시드니 생활에서 눈을 못 보았기에 흥겨워하면서도 미끄럼에 대해서는 속수무책이었다. 그래서 아내가 신었던 양털 부츠에 모자, 목도리까지 완전 무장을 하고 나섰다. 몽골인들에게 좀 미안했다. 하지만 딸아이에게는 달리 방법이 없었다. 수흐

바타르광장에서 갖은 포즈를 취하며 사진을 찍었고, 자연 박물관과 역사 박물관을 관람하며 몽골의 옛 발자취를 읽었다. 그리고 모처럼 멋있는 호텔 레스토랑에서 좋은 음식을 먹을 기회를 가졌다. 딸아이는 시골에서 올라온 아가씨처럼 신기해하며 음식을 맛보며 즐거워했다. 아빠와 낯선 땅에서 마주 앉아 있는 것만으로도 행복한가 보다.

셋째 날에는 게르 마을 수위에게 연락이 와서 사역지에 딸아이와 함께 갔다. 다른 사역자가 걸어 가 대형 게르를 자기 신혼집 게르 위에 쳤다는 것이다. 내게 한 마디 상의도 없이 청년 몇 명과 걸어 갔다고 했다. 화가 나기 이전에 어이가 없었다. 남의 물건에 대해 소중한 줄을 모르고 자기 이익에만 급급한 속성에 대해 아직도 이해할 수가 없었다. 딸아이는 나보다 더 황당함을 감추지 못하고 안타까워했다. 우리는 집에 와서 무거운 마음으로 식사하고 일찍 잠을 청했다. 나는 서재에서 작업을 하고 있었는데 나지막이 흐느끼는 소리가 들렸다. 아빠에 대해 기도하며 울고 있었다.

여러 가지 복합적인 감정일 거라는 생각으로 말없이 서재로 돌아왔다. 짧은 일정 동안 게르 마을에서 살아가는 걸인들의 비참함을 보며 안타까운 마음을 가졌고, 산골짝 마을에서 힘겹게 살고 있는 몇 가정을 방문하면서 새로운 세계를 경험했다. 눈과 극심한 바람과 얼굴에 부딪히는 흙먼지에 얼룩진 표정이 그대로 마음에 남아있다.

공항 출국장을 빠져나갈 때는 눈물만 가득한 채 아무 말이 없었다. 짧은 세 시간 거리이지만 아쉬움만 가득한 채 사랑하는 딸이 안전하게 도착하기를 기원했다.

목도리의 기적
2011년 12월 18일, 주일

지난가을에 인천에 있는 고향 교회의 '한나여선교회'에서 내가 돌보고 있는 걸인들을 위해 필요한 무엇인가를 보내고 싶다고 했다. 지난겨울 동안 걸인들의 목이 그대로 드러나 있는 것을 보았기에 목도리를 구입해서 주고 싶은 마음이 있었다. 그래서 목도리를 이야기했더니 가장 연로한 선교회 회원들이 높은 도수의 돋보기를 낀 채 한 달이 넘도록 손수 뜬 목도리 120장을 보내왔다.

성탄절 선물로 주려고 했다가 추운 날씨에 하루라도 빨리 주는 것이 좋을 것 같아 오늘 가져와 나누기로 했다. 친구 교회에서는 사탕을 보내왔고, 처남은 다양한 간식거리를 보내와서 푸짐한 선물 봉투를 만들 수 있었다. 성탄절쯤이 되면 걸인들이 평소보다 더 많이 모여든다. 추위와 배고픔을 채울 수 있는 무언가를 받을 수 있기 때문이다. 나는 걸인 예배에서 나누어 주고 싶지 않을 정도로 아름다운 형형색색의 목도리를 들고 설교했다. 세상에서는 돈 주고 살 수 없는 가장 비싸고 따스한 목도리를 이렇게 보였다.

추위에 떨고 다니는 여러분을 생각하며 기도하는 마음으로 여러분보다 연세가 많으신 노인들이 돋보기를 쓰고 떨리는 손으로 한 코 한 코 떠서 이 목도리를 보내왔습니다. 돈을 주고 사는 것은 쉽지만 이것은 그것과 비교할 수 없는 사랑의 선물입니다. 하나님을 사랑하는 사람들이 여러분을 사랑하는 마음으로 기도하며 보내왔습니다. 이 사랑의 선물로 이번 겨울은 가장 따뜻한 겨울이 될 것입니다. 그리고 여러분은 이 큰 사랑으로 착하게 살아야 합니다.

과연, 누가 이처럼 사랑이 담긴 목도리를 정성스럽게 만들어 여러분에게 전달해 줄 수 있겠습니까?

이렇게 설교를 마치고 한 사람씩 앞에 나오라고 해서 일일이 목에 걸어 주었다. 몇몇 여자 걸인이 목도리와 선물 봉투를 받아 들고 아무 말이 없었다. 무슨 불만이라도 있나 했지만, 마음으로 가까이 가서 보니 눈물을 흘리고 있었다. 어떤 사연이 묻어 난 듯해 보였다. 몇 사람이 눈물을 흘리는 것을 본 사역자들은 기적이 일어났다고 흥겨워했다. 걸인들의 눈에서 눈물을 흘리는 것을 처음으로 보았다는 것이다. 김 목사님의 부드러운 마음과 사랑이 전달되기 시작했다는 것이다.

사랑은 눈물을 자아내는 힘이 있는가 보다. 다른 걸인은 여느 때보다 받은 것이 많은 날이어서 얼굴에 생기가 돌았고, 감사하다는 인사를 쉬지 않으며 돌아갔다. 선물을 주는 내 마음도 덩달아 기뻤다. 하지만 나는 그런 인사를 받을 자격이 없는 사람이다. 다만 전달자일 뿐인데 …. 예쁜 목도리와 그들의 복장과는 도저히 어울릴 수 없었지만 목에 걸고 포근함을 느끼는 걸인들을 보면서 보내 주신 손길에 감사를 드렸다.

신앙은 나눔이라는 말을 들은 적이 있다. 하나님으로부터 받은바 은혜와 사랑을 다른 이웃들에게 나누는 믿음이 살아 있는 믿음, 행동하는 믿음이란 것이다.

가진 것이 많아서가 아니라 내가 가진 작은 것 하나라도 마음으로 나눌 수 있으면 되지 않겠는가?

그러나 아직도 우리 주변에 많은 그리스도인이 가난한 이웃에 대해 손을 펴지 못하고 있는 모습들을 볼 수 있다. 야고보서에서 행함이 있는 신앙에 대해 더욱 깊은 고찰이 필요하다고 본다.

오늘처럼 험상궂은 걸인들이 맛있는 국물을 먹고 양손에 선물을 받아 들고 나가는 표정이 계속 이어졌으면 좋겠다는 생각이 들었다. 그들은 목도리를 높이 흔들며 내게 몇 번이고 고맙다고 인사하며 교회 문을 빠져 나갔다.

제3부

사역의 무게를 느끼다
2012년

상담 수업을 마치며

2012년 1월 27일, 금

　한 해 동안 가르친 상담에 대해 시험을 치렀고, 통역자와 함께 카페에서 차를 마시며 채점하게 되었다. 몽골에서는 상담이란 단어 자체가 생소하다. 통역자는 심리학을 공부했다고 하지만 내가 아는 심리학에 관한 기초 이론조차 알지 못했고, 상담 과정 일 년 동안 단어를 통역하느라 애를 먹었다. 그만큼 여기는 상담에 대한 배경이 전혀 세워지지 않은 교육 체계가 있는 곳이다.

　이러한 사람들에게 한 해 동안 최선을 다해 가르치기 위해 준비했고, 상담 실습을 하면서 많은 눈물도 흘렸다. 감사한 것은 통역자가 통역하면서 많은 것을 배웠고, 실전에 필요한 것들을 새롭게 정리하게 되어 몇 번이나 고맙다는 인사를 했다. 또 하나는 부족한 선생인 나이지만 몽골 땅에 있는 동안 가정을 세우는 일, 사람들에게 있는 마음의 상처를 치유하는 일에 헌신해 달라는 간곡한 부탁을 받았다. 나는 그들의 요청에 그렇게 하겠다고 약속했다.

　지난 수업 가운데 인상적인 시간이 있었다. 수업 도중에 한 나이가 많은 학생이 훌쩍거리기 시작했다. 감기로 콧물을 흘리는 거라 여겼는데 그것이 아니었다. 그래서 왜 그러는지 물었더니 앞에 나와 간증을 하겠다는 것이었다.

그녀의 형제는 열 명인데 모두 각각의 얼굴을 지니고 있어 이해되지 않았다. 그때까지 몽골의 가정 문화를 전혀 알지 못했기 때문이었다. 그 학생(51세)은 같은 교회의 지도자이기에 평소에도 가깝게 지내고 있었다. 그러나 그녀의 가정에 관해서 나는 전혀 듣지 못했다.

열 명의 형제가 한 어머니와 열 명의 아버지 사이에서 태어난 자녀들이었다. 러시아 식민지 시대의 가족이었기에 넉넉하지 못한 가정 형편이어서 한 방에 살 수밖에 없었다. 이복형제들이 한 방에서 얼마나 갈등하며 괴로운 마음으로 성장해 왔는지 짐작이 간다.

내가 가정에 관해 수업하는 동안 자기가 평소에 풀지 못한 숙제가 조금씩 풀리는 느낌을 받았고, 그동안 가족들을 미워해 온 자기에 대해 학생들 앞에서 과감히 사죄하기 시작했다. 아버지의 얼굴을 모르며 자라는 것도 가슴 아픈 일인데 계속 동생들이 생기는 것이 이해가 안 되었고, 또한 무엇인가 일을 해서 살아야 하는 고통스러운 삶이 죽기보다 힘들었다는 것이다. 그런데 오늘 수업을 통해 마음의 응어리가 풀리게 되어 너무 감사하다는 고백을 듣게 되었다.

그런데 수업을 듣던 또 다른 학생은 여섯 명의 아버지가 있었고 삶의 과정은 엇비슷했다. 나머지 다른 학생들도 아버지의 숫자가 각기 달랐지만, 의붓아버지에게서 당한 몸과 마음의 상처, 이복형제들 간에 끊임없는 사투를 벌이며 살아온 여정들은 한 편의 드라마와 같았다.

수업은 예정보다 훨씬 길어졌고 나는 감당하기 어려운 상황 속에서 안타까움을 금할 수가 없었다. 도저히 상상할 수 없는 가정의 문화가 이들의 삶인 것을 그때야 알게 되었다. 그 후 주변에 있는 젊은이들이나 어른들의 가정을 조금씩 두드려 보니 하나님이 나를 이 땅에 보내신 이유를 알 것만 같았다. 통역 선생과 함께 그 시간의 이야기를 하며 채점하는 둥 마는 둥 후한 점수를 매기고 말았다.

게르 마을 안에서 싸움

2012년 1월 28일, 토

늦은 저녁 시간, 설교 준비를 마치고 커피를 마시려고 하는데 전화벨이 울렸다. 게르 마을의 수위인데 상당히 다급한 목소리로 빨리 오라는 것이었다. 이유는 게르 마을 사람들끼리 싸움이 벌어졌는데 칼부림이 나서 한 사람은 손가락이 잘려 나가고, 한 사람은 머리에서 피가 너무 많이 나고 있다는 것이었다.

급하게 택시를 타고 갔더니 싸움은 끝났지만, 그 상황을 어떻게 대처해야 할지 난감한 상태였다. 한 사람은 시커먼 이불 위에 쓰러져 피를 흘리고 있었고, 한 사람은 천 조각으로 손가락을 감고 있었다. 다행히 엄지손가락은 잘려 나가지 않고 반 정도 붙어 있었다. 준비해 간 소독약을 바르고 붕대로 손가락을 감아 지혈했다. 다른 한 사람은 뾰족한 돌로 머리를 맞아 구멍이 나 있었지만, 심각한 상태는 아니었다.

만일 이 사람들 가운데 싸움이 나서 사상이 나거나 죽게 될 경우에는 모든 책임을 내가 져야 하고 자동적으로 추방을 당할 수밖에 없다. 그래서 호스피스 병원 원장인 한국 선교사에게 전화를 해서 치료를 받을 수 있도록 조치를 취해 달라고 했더니 쾌히 승낙을 했다.

두 사람과 함께 택시를 잡기가 너무 힘들었다. 두 사람의 몰골을 보니 평범한 사람들이 아닌 것을 알고는 그냥 가 버리곤 했다. 그래서 두 배를 준다고 했더니 태워 주었다. 택시 안에 피비린내와 걸인들의 지독한 냄새로 인해 운전사는 알아듣지 못하는 말로 욕을 쉬지 않고 했다. 나는 죄인인 양 계속해서 미안하다는 말만 했다. 병원에 도착했더니 의사는 퇴근했고 당직 간호사만 있었다. 치료를 위해서는 먼저 씻어야 하는데 간호사는 자신이 없다고 큰 병원으로 가라고 했다. 하지만 분명히 이들을 데리고 다른 병원에 갈 수 없다는 것을 간호사는 알고 있었다.

간신히 부탁해서 간호사와 함께 머리를 수건으로 몇 번 씻어 낸 후 소독하고 약을 바른 후 붕대로 감아 주었다. 나는 간이침대라도 주면 그곳에서 밤을 지낸 후 내일 의사가 오면 상태를 확인하려고 했더니, 괜찮으니까 나가라는 것이었다. 하는 수 없이 그들과 택시를 타고 다시 게르 마을로 돌아와 싸우지 말라고 부탁을 한 후 지친 몸으로 집에 돌아왔다.

처음에는 겁도 났고, 택시로 왕복하는 일도 쉽지 않았고, 두 사람을 씻기고 치료하는 과정도 순탄하지 않았다. 나의 온몸에서도 똑같은 냄새가 풍기고 있었지만, 그것보다 마음이 힘들었다. 여러 사건이 자주 있었지만, 오늘처럼 힘겨운 날은 없었던 것 같다. 더구나 내일은 주일인데 제대로 감당할 수 있는건지 걱정이 되었다.

술이 문제다. 싸구려 보드카를 마시고 나면 제정신이 없게 만드는 독주에 사람들은 인간의 이성을 잃고 마는 것이다. 중독된 사람들에게는 내일이 존재하지 않고, 친구나 가족이란 생각도 없다. 희망을 심어 주어야 한다. 사람이 무엇으로 이들을 회복시킬 수 있으랴. 마음을 창조하신 하나님의 능력 외에는 달리 방법이 없다.

술 취하지 말라 이는 방탕한 것이니 오직 성령으로 충만함을 받으라 (엡 5:18).

감사 인사가 죄?

2012년 3월 6일, 화

성급하게 다가오는 공과금 납부 날짜를 보며 한 달이 빠름을 느끼게 된다. 몽골에도 하루속히 공과금 수납 방법을 전산화하면 편리하겠다는 바람을 품으며 은행에 들어섰다. 빠르면 30분 정도 서서 기다려야 한다. 창구 앞에 줄은 서 있지만 이리 밀리고 저리 밀리다 보면 줄이 없어지고 만다. 할머니들도 힘이 좋은 편이라 밀치고 들어오면 나는 여지없이 밀려 나간다. 왜소한 체구가 원망스럽기만 하다.

드디어 내 차례가 왔다. 먼저 수고한다는 인사와 함께 지난달 납부한 영수증을 내민다. 거기에 나의 고유 번호가 있어서 그 번호만 있으면 공과금 내역을 알 수 있다. 지난 달 지불한 영수증을 말없이 건네면 된다. 창구에까지 오기가 어렵지, 일단 오면 다른 말이 필요 없다.

그러나 때론 사무 처리를 잘못해서 착오가 생기면 많은 말을 들어야 하는데 거기에 대해 충분한 이해와 답변이 어렵다. 사람들은 좁은 은행 안에 가득하고 못 알아들어 답답한 나머지 소리지르듯 하는 직원의 말에 시선이 집중이 된다. 식은땀이 흐르고 민망해 감당하기 어려울 때도 있다.

명시된 금액을 지불하고 나서 고맙다고 했더니 나를 힐끗 올려다보며 무엇이 고마우냐고 따지듯 퉁명스럽게 내뱉는다. 그래서 나의 일을 도와주어서 고맙다고 한 것이라고 더듬거리며 답변했다. 이러한 상황을 바라보고 있던 다른 사람들은 깔깔대며 웃음을 던졌다.

직원이 어찌 반응을 하든 나는 일단 내 일이 끝난 것에 대해 안도의 숨이 나왔고, 감사하다는 말을 한 것이 잘못된 일이 아니고 조소를 받을 이유가 없기에 당당함으로 은행 출입문을 나왔다.

한국인이지만 20년 이상 호주에 살면서 감사하다는 말은 생각 없이 튀어나올 정도로 습관이 되어 있다. 때로는 아무런 의미가 없는 표현을 할 때도 많다. 습관이 다 좋은 것만은 아니지만 필요하고 좋은 습관은 몸에 붙여도 잘못이 없다. 백화점에 가서 물건을 구경할 때도 직원은 손님에 대해 아무런 반응을 보이지 않고 왜 왔냐는 식으로 불쾌한 느낌을 주곤 한다. 오랜 공산권 문화에 젖어 그렇다 해도 쉽게 이해는 안 된다. 물론 아직도 이해 안 되는 것이 한 두 가지가 아니다.

작은 일에도 감사한 마음으로 표현하고 가는 길을 가로 막을 때도 미안하다는 서양인들의 문화와 너무 다른 몽골 문화 속에서 살면서 이것도 내가 해야 할 일이라는 생각이 스쳐 간다. 모든 것은 다 바꾸어도 사람의 생각은 쉽게 바뀌지 않는다는 말이 있듯이 나보다 다른 사람을 먼저 생각할 줄 아는 지극히 상식적인 문화가 자리 잡기를 바라는 마음이 간절한 날이었다.

동료 선교사가 추방 당하다

2012년 4월 13일, 금

　전에도 몇 명의 선교사들이 추방당했다는 소식을 듣곤 했지만 몇 번 만나며 교제하던 선교사가 갑자기 몽골을 떠나야 한다는 말을 듣고 그 가정을 방문했다. 언제 연락을 했는지 몇 명의 선교사가 와 있었다. 정해진 것은 아니지만 떠나는 선교사를 위해 살림살이나 가재도구들을 사면서 약간의 물건값을 주곤 한다. 이는 꼭 필요해서라기보다는 가는 선교사에게 다소 얼마라도 비용을 만들어 주기 위한 방편이기도 하다.

　선교사 부인은 늘 떠날 마음의 준비를 하며 사역을 해 왔지만, 막상 짐을 정리하면서 보니 그동안 미운 정 고운 정이 흠뻑 든 땅을 떠난다는 것이 허무하다고 말했다. 공들여 가르치고 먹이고 훈련한 제자들과 영영 이별한다는 것에 대한 허탈감이 이루 말할 수 없이 크다며 눈물을 닦아 냈다. 떠나게 된 이유는 몽골에 온 지 8년이 되어 교회가 활성화되어 가고 있던 중 현지 사역자와 재산권에 대한 문제였다. 어느 선교지나 그렇듯 현지인들에게 토지 소유권이나 교회의 등록을 맡겨야 한다. 하지만 많은 경우에 있어 신뢰 관계가 지속되지 못하는 안타까운 일들을 보게 된다.

　하나님을 전혀 알지 못했던 현지인들을 밥해 먹이며 정성과 사랑을 쏟아 제자로 키우고, 사역자로 세울 때까지 온 힘을 다하는 것이 선교사들의 삶이다. 그러나 사람의 마음이란 물질적인 소유욕 앞에서 어쩔 수 없이 변질되는 것을 보면서 안타깝기 그지없다. 그렇게 소유한 물질이 얼마가 되었든 마음 편하게 살 수 있는지 궁금하기도 하다.

하긴 그들의 손으로 벌어서 그만한 재력을 손에 넣는다는 것은 불가능하다. 그렇다고 해서 하나님의 이름으로 세운 교회나 토지 등에 대해 탐심을 갖고 사람을 배신하고 물질을 취하면 과연 마음이 편할까 하는 생각이 든다. 또 그렇게 취한 재산은 헐값에 다시 팔리게 되고 교회는 와해되고 교회에 나왔던 교인들은 뿔뿔이 흩어지기 마련이다.

이 얼마나 헛수고와 낭비 그리고 가슴 아픈 일인가?

한두 사람의 탐욕 때문에 선교사 가정만 아니라 거기에 함께 공동체를 이루었던 모든 사람이 쓸쓸한 표정으로 돌아서게 되고, 하나님의 영광을 실추시키는 엄청난 범죄를 불러일으키게 된다. 그런데 이러한 일들이 그동안 많았고, 세계 곳곳에서 자행되고 있다는 것이다.

나 또한 이러한 일에 예외는 아니다. 시작부터 이미 포기하고 마음을 비운 상태이지만 수시로 부딪히는 물질적인 갈등은 피할 수 없는 일이 되고 있다. 그러다 보니 사랑해야 할 사람들을 의심하게 되고, 작은 일로 인해 마음이 상하고 경계해야 하는 마음이 많아지게 된다. 스스로 방어벽을 쌓아가며 끝없이 갈등하면서 하나님의 나라를 세워 나가야 한다.

우리 민족의 과거 선교 역사에도 비슷한 일들이 있음을 안다. 우리가 그랬던 것에 마치 보복이라도 당하듯 오늘 현장에서 많은 동료가 가슴 시린 일들로 정든 땅을 떠나고 있다. 결코 남의 일만이 아닌 상황을 보면서 마음이 다시금 움츠러드는 느낌을 받는다.

복음 사역의 무게
2012년 4월 21일, 토

지난해 말부터 어깨에 통증을 느끼기 시작하더니 시간이 갈수록 통증이 심해졌다. 두 달 전부터 밤잠을 잘 수 없을 정도여서 결국 병원에 갔다. 울란바토르 시내 한복판에 있는 S 병원에서 MRI 사진을 찍었다. 나는 어깨 근육이 파열되었나 염려했는데 다행히 염증으로 힘줄이 엉켜져 있고, 어깨 안쪽에는 염증 주머니가 생겼다는 사진 결과가 나왔다. 내 생각보다 심각하지 않았다. 어떻게 할 것인지 고민하기 시작했다. 아내는 시드니로 와서 치료받았으면 했다. 딸아이는 엄마보다 더 강한 어조로 편들었다.

뒤늦게 삶의 의미를 찾고자 가족과 떨어져 외롭게 지내는 것이 결코 쉬운 일이 아니었나 보다. 그리고 이러저러한 삶의 무게가 오른쪽 어깨를 짓눌러 왔나 보다. 다른 사람보다 어깨의 뼈가 크고 근육이 발달해 자랑해 왔는데 이제는 말도 못 하며 참아 온 무게를 견디지 못하고 고장이 난 것이다.

그리움을 이기지 못해서일까?
호주의 말끔한 도로를 달리던 야생마 같던 내가 늘 닫힌 칙칙한 창가에 앉아 있는 시간이 무거워서일까?
아니면? …

모든 일에 때가 있다는 말을 뒤엎고 많은 사람 앞에 당당하게 외쳐 보려는 교만이 내 어깨를 짓눌러 버린 것 같아 야속하기만 하다. 그래도 쉽사리 포기할 수 없는 일이다. 핑계 삼아 시드니로 향했다. 가족과 많은 성도의 사랑을 받으며 치료를 받으면 훨씬 수월할 것 같은 느낌이 들었다. 다소 그 사랑의 빚이 부담스럽기도 하지만 그래도 장기적인 안목으로 선교사의 직무를 감당하기 위해 잠시 쉼과 재충전이 필요하리라.

이번 일로 몽골 병원을 자주 오가면서 발 디딜 곳 없이 많은 환자를 바라보았다. 아직도 의료진은 병을 진단하는 것부터 미숙한 상태라서 자주 의료 사고가 일어나고 있다. 때론 병원의 오진으로 고생하는 사람들, 약 처방이 잘못되어 몹시 고생하는 이웃들을 만나 위로하기도 한다. 그러나 이러한 미흡한 의료 환경은 멀지 않아 곧 개선되고 발전되리라 본다. 다양한 치료 경험과 선진화된 의료 체계를 배우고 의료 장비들을 도입함으로 의료 기술은 획기적인 발전을 이루게 되리라 본다.

나의 어깨 부상은 지난 11월 말경에 시작되었다. 한국에서 게르 마을 식구들에게 나누어 줄 물건이 도착했다. 작업화, 겨울 잠바, 속옷, 라면 등 겨울용품이 50박스 정도가 와서 3층까지 올려야 했다. 살벌한 날씨, 온몸이 얼어붙고 지친 상태로 박스들을 올리다 중심을 잃어 박스는 땅에 떨어졌고, 어깨에서는 둔탁한 소리가 났다. 순간 온몸에 퍼져 있는 힘줄이 긴장하기 시작했다. 그 이후 오른팔을 거의 사용할 수 없었다. 그러다 좋아질 것이라는 희망으로 찜질도 하고 파스도 붙여 보았다. 무언가 단단히 고장이 났나 하는 생각에 마음이 무거웠다. 사역의 지속성에 대한 두려움도 있었다.

우리는 한 시간 앞을 모르는 인간이지만 사랑하지 못하고, 내 것만 고집하며, 남의 마음을 아프게 하는 어리석은 인생을 살고 있다.

빈손으로 태어난 우리이기에 빈 마음으로 살 수 없을까?

조금 더 가진들 무슨 소용이 있는가?

하나라도 쥐고 갈 수 없는데, 어깨의 고통은 이제까지의 나의 삶을 반추하게 한다. 회복을 위해 치료하면서 마음까지 치료하는 시간이 되기를 바라고 있다. 아직도 내려 놓지 못하는 것이 있는지, 쓸데없이 욕심을 부리는 일로 마음이 힘들어하고 있는 것은 무엇인지 생각하며 치료할 것이다.

어쩌면 사랑해야 할 사람을 사랑하지 못하고 용서하지 못하는 무거움에 눌려 버린 것이 아닌가?

나보다 힘겨운 삶을 지탱하고 있는 걸인들에게 하나라도 더 나눌 수 있다면 행복하리라. 더 소유하려는 욕심의 무게를 내려 놓아야 한다. 움켜쥔 손을 활짝 펼쳐야 한다. 그러면 이 땅에 풍요와 사랑의 열매가 가득하리라.

주님!

그러한 날이 속히 오게 하소서!

시드니 7주간 방문
2012년 5월 22일, 화

어깨 인대 치료를 목적으로 그리운 가족 품에 와서 CT, MRI 사진을 찍기 시작하면서 시작된 시드니의 생활은 눈 깜빡할 사이 스쳐 지나가고 말았다. 매일 새벽예배를 마치자마자 만나야 할 친구, 목회자, 성도들을 만나 즐거운 시간을 보내다 오후에는 한의원에서 침을 맞으며 치료하는 일정은 거의 똑같았다. 무엇보다도 정성스럽게 침을 놔주는 한의사에게 무어라 고마운 마음을 전할 길이 없다.

'나는 과연 이렇게 할 수 있을까?'

이런 반문을 해 볼 때 난 자신이 없다. 그래서 더욱 미안한 마음이 크다. 내가 그에게 아무것도 한 것이 없는데 왜 이렇게 사랑을 받아야 하는지 도무지 이해할 수 없는 일이다. 하기 좋은 말로 기도한다는 입에 붙은 인사는 쉽지만, 그 말을 실행하는 것도 쉽지 않은 일이다. 한의사의 사랑이 담겨 있는, 헌신적인 마음을 고스란히 읽을 수 있었다.

연세가 지긋하신 교회 장로님들이나 권사님들의 사랑과 눈물 그리고 꼬깃꼬깃 접힌 종이돈을 쥐여 주면서 손주를 군대에 보내듯이 대하시는 애틋한 얼굴들은 결코 잊을 수 없다. 그리고 여러 가정에서 식사를 나누며 몽골 이야기를 나누는 정겨움에도 감사의 인사를 드린다. 대단한 일도 하지 않고 있는데 부담스러울 정도로 환대해 주시는 많은 분의 사랑을 듬뿍

받으며 그 힘으로 선교사는 살아가나 보다. 이는 어쩌면 더 열심히 주어진 사역을 감당하라는 암묵의 채찍일 수 있다. 어떤 권사님은 내가 말주변이 없어서 어떻게 선교사를 하냐고 하시며 안타까워하시는 모습도 보았다.

어쩌겠는가?

생긴 대로 살아야지 … !

착한 척하는 것이 가족에게는 악한 것이라고 말씀하시는 분도 있지만 그것 역시 내 평생 살아온 삶의 방식이 되고 말았다.

어떤 후배 목사는 몽골에 오기 직전에 농담으로 선교사가 3년 안에 집을 장만하지 못하면 실패한 선교사라고 했다. 실패해도 어쩔 수 없고, 가족이 부족한 선교비로 더 가난해져도 달리 방법이 없는 무능한 사람이다. 이것을 자랑하는 것도 아니고 배짱을 부리는 것도 아니다. 사람마다 주어진 재능과 타고난 복이 있다고 한다면, 그것이 순리라고 한다면 따를 뿐이다.

몽골에 들어가기 직전 우리 세 식구는 오랜만에 함께 이야기를 나누며 그동안 우리에게 사랑을 베풀어 주신 모든 분께 감사하며 이 모든 여정을 지켜 주신 하나님께 감사의 기도를 드리며 뭉클한 마음을 나누었다. 빈손으로 떠났지만 때를 따라 주시는 은혜로 건강하게 지낼 수 있고, 사역을 감당할 수 있는 것은 전적으로 하나님의 은총이며 축복이 아닐 수 없다. 이 고백 외에는 아무것도 할 말이 없다.

충청도 서천 K 교회 단기 선교팀 사역

2012년 8월 7일-17일

어느 선교 국이든지 7, 8월은 단기 선교팀으로 정신없이 분주한 계절이다. 몽골은 한국에서 가깝다는 이유로 더욱 그런 것 같다. 흔히 두 달 동안 몽골 공항에 입국하는 관광객이 3만여 명이 된다는 말이 있을 정도다. 함께 동역하던 선교사는 미국으로 떠났지만, 여름 몽골 사역을 감당하기 위해 입국했다. 오기 전에 벌써 몇 팀과 사역을 마쳤지만 아직도 중첩되어 오는 팀을 감당하기 벅찰 정도였다. 그래서 엉겁결에 내가 한 팀을 인도하기로 했다.

내가 맡은 단기 선교팀은 이번이 처음이어서 더욱 설레는 마음이 많았다. 전혀 알지 못하는 교회 청년들 20여 명이 공항에 도착했고, 공항 근처에 있는 교회에서의 사역을 시작으로 열흘간 함께 다녔다. 울란바토르에서 남쪽으로 220킬로미터 떨어진 초이르라는 작은 읍으로 갔다. 비교적 도로가 평탄했다. 끝없이 펼쳐진 초원을 바라보며 감탄하면서 사진을 찍는 청년들이 많았다. 중형 버스 기사는 몇 차례 차량을 점검하면서 갔기에 쉴 수 있었지만 생각보다 꽤 지연되었다. 4시간가량 지나 목적지에 도착하니 저녁이 되었다.

남자 대원들은 교회에서, 여자 대원들은 교회 마당에 설치된 게르에서 묵기로 했다. 편안한 잠자리를 두고 불편을 감수하면서까지 하나님의 나라를 세우려는 젊은이들이 귀하게 여겨졌다. 너무 늦은 시간이어서 저녁을 준비할 수 없었다. 그래서 교회에서 끓여 주는 수태 차와 간단한 음식을 먹고 교회 마당에 나와 하늘에 가득한 별을 보며 탄성을 질렀다. 여름에는 석탄 연기도 없고 한적한 지방이기에 청년들은 꽤 청명한 밤하늘을 볼 수 있었다. 마치 잠자던 별들까지 나와 우리를 환영하는 듯했다.

선교팀원들은 피곤하였지만, 냉기가 올라오는 교회 바닥에서 잠을 못 자는 듯 보였다. 여름 한복판이지만 몽골에서의 8월은 가을로 가는 문턱이기에 조석으로는 쌀쌀하다는 느낌을 갖게 된다. 게다가 비가 오게 되면 겨울과 다를 바 없다.

아직 단기 선교팀에 대한 경험이 부족한 내게 이번에 온 팀은 여러모로 특별한 모습으로 비쳐졌다. 팀을 이끄는 사역자는 그 교회 담임목사의 사모였다. 육순이 훨씬 넘어 백발이 성성했지만, 지도력이 있었다. 젊은 전도사 두 명이 함께 왔지만 그들은 아무것도 할 기회가 없었다.

그뿐만 아니라 그 사모님은 마치 해병대 장교와 같았고, 아침과 저녁으로 계속되는 큐티까지 다 인도했기에 내가 나름 준비한 일들이 무색했다. 그리고 거지 전도를 수년 동안 해 왔다고 했다. 처음 듣는 단어였기에 설명을 부탁했더니 한국에서 지방을 순회하면서 진도하는데 식사는 해당 지역의 교회에서 주면 먹고 안 주면 굶고 다니는 전도 방법이었다.

교회 재정이 없어서라기보다는 일종의 현장 훈련이고, 또 그러한 비용을 모아서 선교하는 일에 집중한다는 것이었다. 그래서인지 이번에 함께 다녔던 두 명의 버스 기사와 두 명의 통역 사역자는 늘 배를 움켜잡고 다녔다. 몽골인들은 어쨌든 고기가 들어 있는 음식을 먹는데 누룽지나 라면으로 이어지는 식사에 기운이 날 수 없는 것은 당연한 일이다. 그래서 기사들이 술을 먹는 장면을 몇 번 보았다.

나는 위험하게 그러면 안 된다고 하니까 배고파서 그렇다고 답변했다. 배고프면 음식을 사 먹는 게 아니라 술을 먹는다는 궁색한 변명에 말문이

막히고 말았다. 음식을 제대로 안 주니 화가 난 것이었다.

이들에게 생명을 맡기고 다녀야 한다는 일이 얼마나 위험한 일인가?

금번 팀은 꽤 많은 프로그램을 준비해 왔다. 몽골어 찬양을 비롯해 무언극, 주일학교 학생들과 재미있는 율동으로 즐거움을 더했다. 몽골 어린이들이나 어른들은 관람객일 뿐이었다. 몇 달 동안 애쓰며 준비한 프로그램을 공연으로 마치고 가는 유형이 대부분 한국형 단기 선교팀의 사역임을 많이 보아 왔다.

물론 그것이 잘못된 것만은 아니라고 본다. 그렇게 사역하다 돌아 가면 어느 한순간 마음의 변화를 일으켜 선교지를 선택할 수 있는 동기 유발이 될 수 있기 때문이다. 그러나 한편으로 보면, 사역지에 있는 교회가 새로운 교회 문화를 받아 좀 더 나은 교회 프로그램을 배우고, 그것으로 전도의 효과를 가져와야 한다고 생각하는데 그렇지 못함을 보고 답답한 마음이 계속되었다. 나와 관련이 없는 교회이고, 내가 주체가 아니어서 어떠한 제안도 할 틈이나 필요성을 찾지 못했다.

어렸을 때 소위 말하는 약장수 공연단이 전국을 누비고 다닌 적이 있었다. 아이들은 들어갈 수 없도록 막고 있어서 허술한 담을 뚫고 들어가 어른들 틈 사이에서 그 모든 광경을 시간 가는 줄 모르고 보았다. 지금 생각하면 웃음만 나오는 그들의 형편없는 공연을 말이다.

단기 선교팀은 약장수 공연단과 달라야 한다. 유독 K 교회만 그런 것이 아니다. 누가 한국 교회에 전수했는지 거의 비슷한 모습을 보면서 깊은 연구가 필요함을 느꼈다. 짧은 시간 동안 무엇을 보여 주고 가는 것보다는 그 나라의 문화를 보고 경험하면서, 앞으로 어떤 방향으로 선교적 비전을 가져야 할 것인지 함께 고민하는 시간이 되어야 하는데 그렇지 못하다는 것이다.

초이르에서 사역을 마치고 그곳에서 150킬로미터 더 남쪽으로 내려갔다. 도로는 버스가 춤을 추듯 험악한 비포장 길이었다. 더군다나 비가 내려 몇 번이나 미끄러져 두려움을 느끼게 했지만 평지였기에 위험성은 없었다.

온드르실이라는 지역은 더욱 작았다. 백여 가구도 살지 않는 평온한 지역이었다. 비가 그친 시간이어서 하늘과 땅이 맞닿는 것처럼 보였다. 마을 길에는 소나 염소 떼가 한가로이 서 있었다. 상당히 가난한 마을이었다. 교회가 아니라 작은 토담집이었는데 곧 쓰러질 듯한 건물에서 나이든 지도자가 나와 우리를 반겨 맞았다. 얼마 전 남자 전도사가 있었는데 어느 날 아무 말도 없이 도시로 갔다는 것이다. 교인은 노인들 몇 명뿐이었다. 도망간 전도사의 마음을 이해할 것만 같았다. 나 같아도 가 버렸을 것이다.

선교팀 지도자는 처음으로 내게 어떻게 3일 동안 사역을 하면 좋겠냐고 물어 왔다. 준비해 온 프로그램을 다 소진했기 때문이다. 그래도 감사했다. 그래서 동네로 들어가 아이들을 먼저 불러와 집회하자고 했다. 예상은 의외로 잘 맞아떨어졌다. 가난한 마을에 한 번도 단기 선교팀이 온 적이 없어서 한국인들에 대해 호기심을 갖고 온 아이들이었다. 노래를 가르치고 율동하며 상품을 나누어 주었다. 다음 날에는 어른들도 초청했다. 가게에서 무언가 사려고 했지만, 물건이라고는 없었다. 덕분에 우리 팀도 굶다시피 했다. 두 명의 기사는 아예 얼굴을 볼 수 없었다.

열하루 동안의 대장정에 한 명의 예외 없이 온 기력을 소진했다. 음식 때문만이 아니라 대원들 간에도 불평이 튀어나왔다. 몸과 마음이 모두 지쳐서 보는 나 역시 어떻게 마음을 써야 할지 대안이 없었다. 그럴 때마다 지도자인 사모는 기도가 부족하고 영성이 떨어져서 그렇다고 호되게 야단을 치곤 했다. 몇 명의 대원은 내게 와서 미안하다고 하면서 울먹이기도 했다. 공항에서 보았던 얼굴들은 간데없고 지칠 대로 지친 대원들은 하루속히 마치고 가기만 바라는 얼굴처럼 보였다. 이것이 한국 교회의 민낯이 아닌가 생각된다.

이번 선교팀과 다니면서 많은 교훈을 얻게 되었다. 힘들었지만 오히려 배운 점도 많았다. 앞으로 나와 관련된 교회들이 올 때 무엇을 어떻게 해야 하는지 깊이 생각하게 되었다. 두 주일 여간 비워 둔 내 집 앞에 서니 문을 열 기운조차 없었다. 그동안 애써 키워 온 화분들이 나보다 더 지쳐 있는 상태였다. 얼마나 갈증을 느꼈을까 생각하니 애처롭기만 했다. 하지만 난 물 한 바가지 떠줄 힘이 없었다.

하나님의 일은 사람의 노력과 훈련만으로는 되지 않는다. 무엇을 보여 주기 위해 최선을 다하는 것도 중요한 일이지만 그것이 현지에 있는 사람들에게는 아무런 유익이 되지 못한다. 하나님은 그러한 방법으로 선교하라고 말씀하시지 않으셨다.

그렇다면 과연 우리는 어떻게 하는 것이 효과적인 선교인가?

무수한 과제를 안고 모든 일정을 마무리했다.

K 자매 이야기

2012년 8월 19일, 주일

오늘은 인천에 있는 교회에서 처음으로 열다섯 명이 몽골에 비전 여행을 오는 날이다. 부담 없이 땅 밟기 하러 온다고 했다. 마음이 분주하고 다소 설레는 마음도 많았다. 그리고 공항 근처에 있는 교회에 설교하러 가는 날이다. 지난 금요일까지 서천에서 온 단기팀을 보내고 아직 피로가 가시지 않았는데 시드니에 있는 후배 목사가 전화를 했다. 자기가 맡고 있던 자매가 몽골 사역을 급하게 그만두고 울란바토르로 오게 되었으니 마중 나가 데려와 달라는 간곡한 부탁이었다.

시드니는 내 제2의 고향이기에 이곳에서 시드니 사람을 만난다는 것은 즐거운 일인데 무슨 사연이 있겠지 생각하며 일찍 기차역으로 나가 기다리고 있었다. 비바람이 치고 있어서 나는 두꺼운 옷을 입고 나갔다. 역을 빠져나오는 자매는 키가 크고 얼굴이 창백해 보이는 것이 한국인임을 초면인 데도 알아볼 수 있었다.

반소매를 입고 입술은 검푸르게 변해 있었다. 열 시간 동안 열차 안에서 떨고 온 것임이 틀림없었다. 내가 입고 있던 코트를 벗어 입혀 주었더니 거부하지 않았다. 예배 시간에 맞춰 가려면 아직 시간이 남아 있어서 버스를 타고 교회에 가려고 하는데 한 중년의 여자 택시 기사는 내게 다가와 어디까지 가는지 물었다.

그래서 공항 근처에 있는 교회에 가려고 하는데 버스 정류장까지만 가자고 했다. 기사는 자기도 교회를 다니는 사람이기에 함께 예배를 드리고 싶다고 했다. 그리고 끝난 후에 함께 오겠다는 수준 높은 친절을 베풀어서 마음에 부담이 가득했다. 물론 택시비는 극구 사양했지만, 나는 왕복 요금으로 후히 건네주었다. K 자매는 예배 시간 내내 눈물을 흘렸다. 그리고 택시 안에서 하나님이 인도하시는 여정에 감사한 마음이 많다고 했다. 그리고는 아무 말없이 창밖을 내다보며 눈물을 훔치곤 했다.

우리 집에 도착하여 급한 대로 라면을 끓여 주었다. 자매는 몇 끼니를 굶은 사람처럼 허겁지겁 먹고는 곧바로 서재에 누워 잠에 빠져 버렸다. 지난 7개월 전에 동남부에 위치한 작은 도시에 가서 선교 훈련을 받고 있다가 일 년을 채우지 못하고 급히 그곳을 빠져나와야만 했다. 같은 한국인 선교사 부부와 몇 명의 한국인 단기 사역자들과 함께 있었는데 여러 면에서 마음이 맞지 않은 부분이 있었다고만 간단히 말해 주었다.

몇 개월 전에 이 자매를 만난 적이 있다. 앞 집의 한국인 선교사 부부 가정에 선교 훈련원 지도자와 왔을 때 인사했다. 그때도 얼굴빛이 어두워 별도로 만나 이야기를 나누고 싶었는데 그렇게 하지 못했다. 그런데 이번에 다시 만난 것이었다. 우리는 공항으로 나갔다. 그런데 고향 교회에서 단기 선교팀과 시드니 목사가 같은 비행기로 왔다. 우연한 동행이었다. 교회 단기 선교팀, 자매 그리고 목사와 함께 예약된 숙소에 묵기로 했다. 우리 셋은 늦은 밤까지 자초지종을 들으며 어떻게 해야 할 것인지 이야기를 나누었다.

몇 년 전 자매와 같은 교회에 다니는 H 라는 자매가 같은 훈련원에 있었는데 일 년을 계획하고 왔다가 육 개월 만에 돌아갔다는 소식을 이미 알고 있었다. 그런데 이번에 다시 같은 일이 일어난 것이다. 그만큼 훈련원 생활이 힘들다는 것을 입증하고 있었다.

일일이 다 열거할 수 없지만 가슴 아픈 일이 아닐 수 없다. 같은 민족으로서 하나님의 소명을 받고 같은 목적을 갖고 동역하는 선교사들 간에 갈등이 연속된다는 것은 안타까운 일이다. 아니 분노가 치밀었다. 사도 바울도 동역자인 마가와 심하게 다툰 끝에 결별하는 모습(행 13:13)을 성경에서 읽을 수 있는 것처럼 인간은 여전히 부족한 죄인일 뿐인가 보다.

선한 뜻으로 시작한 일에 결국에는 상처만 안고 돌아선다면 얼마나 손실이 큰지를 쉽게 알 수 있다. K 자매의 일 때문에 다시금 많은 생각을 낳게 했다. 복음을 전하기 위해 부름을 받은 우리가 희생하지 못하고, 겸손하지 못하고 나의 고집만 앞세우는 것으로 피차간에 지울 수 없는 상처만 남게 된다. 불신자들보다 더 고집스럽고 이해력이 부족한 사역자들을 하나님은 어떤 시선으로 바라보고 계실지 궁금했다.

인천 고향 교회 단기 선교팀 출국

2012년 8월 24일, 금

고향 교회는 내게 영적으로 어머니 품과 같은 교회다. 어린 나이에 교회 근처로 이사하여 신앙생활을 시작해서 결혼식을 하기까지 그리고, 전도사로 부임하면서 어쩔 수 없이 떠나게 된 교회다. 그런데 이번에 그 교회가 몽골을 다녀갔다. 온다고 할 때는 벅찬 기대가 있었지만, 막상 가고 나니 허탈한 마음을 지울 수 없다. 가난한 시절, 가난한 동네에서 서로 의지하며 울며 웃으며 역사의 질고를 함께 했던 후배들이 몽골 땅을 경험하고 돌아갔다.

처음 방문하는 일정에 특별한 프로그램을 세우지 않고 땅 밟기에 초점을 두었기 때문에 지방 교회를 방문하고, 역사박물관과 전통 예술을 관람했다. 어떤 선교사는 불교문화 공연을 보는 것을 비난하기도 했지만, 내 관점은 다르다. 우리 민족 역시 불교문화를 배제할 수 없지만, 여전히 기독교는 부흥해 왔다. 선교는 선교지의 문화를 이해하고 국민들이 어떠한 정서와 삶의 배경 가운데 살아왔는지를 먼저 알아야 한다. 그리고 우리가 기독교 신앙을 지녔다 해서 선교지의 문화를 급하게 바꾸려고 하는 것은 옳은 선교적 관점이 아니라고 생각해 왔다.

단기 선교팀은 처음 발을 딛는 낯선 몽골 땅에 대해 즐거워했다. 좁은 국제 공항을 시작으로 숙소까지 연결되는 비포장도로, 도심 중앙에 세워

진 고층 빌딩 그리고 외곽으로 갈수록 게르 촌이 형성되어 있는 것을 보면서 카메라를 눌러 댔다. 편안한 잠자리를 제공하지 못해서 미안했다. 매트리스가 꺼진 침대, 방 전체에 기어다니는 딱정벌레와 거미줄에 이르기까지, 내 수준에 맞춰 숙소를 얻다 보니 여기저기서 불평 어린 표정을 읽을 수 있었다.

게다가 선교팀이 이동하는 며칠 동안 버스를 여러 차례 교체해야 했다. 작은 사고, 낙후된 버스의 고장, 운전기사의 막무가내의 행동 등으로 무더운 여름날 도로 한편에서 몇 시간을 기다려야 하는 고충을 겪기도 했다. 그러나 울란바토르를 벗어나 지방으로 향할 때는 넓게 펼쳐진 평온한 초원을 만끽할 수 있었다.

또한, 가난한 가정을 찾아가 음식을 나누고 그들 삶의 모습을 보면서 청년들은 많은 도전을 받았으리라 확신한다. 물론 이번에 와 경험하고 돌아간 고향 교회도 내가 어렸을 때는 몽골 산골짝 마을과 같은 환경을 지니고 있었다. 어쩌면 더 열악했던 것 같기도 하다. 하지만 지금의 학생들에게 아무리 설명해도 그때 상황을 이해하지 못했고 애써 이해하라고 강요할 이유도 없었다.

출국하기 하루 전, 내가 담당하는 걸인 예배에 참석하는 시간을 가졌다. 70여 명 되는 걸인들이 모인 교회는 지독한 냄새로 코를 들 수 없었다. 여름이면 더욱 악취가 심하게 난다. 그래서 청년들에게 사전에 몇 가지 당부를 하고 기도하며 세족식을 감행했다. 일 년에 한 번을 안 씻는 발, 바라만 보아도 역겨운 일인데 그 발을 희고 고운 손으로 그들의 발을 씻겼다. 세족식이 좀 특별했다. 차분한 모습으로 비누로 발을 씻기고, 새 양말을 신기고, 그 발을 붙들고 기도했다. 청년들이 눈물을 흘리며 기도하는 모습을 멀뚱히 바라보더니 몇 명의 걸인도 눈시울이 젖었다.

기도를 마친 후 몽골어로 "하나님은 당신을 사랑합니다"라고 말하면서 미리 준비한 선물 봉투를 하나씩 주었다.

나는 처음에 이 일을 계획하면서 과연 청년들이 잘할 수 있을지 염려를 많이 했는데 그 걱정이 무색할 정도였다. 한 발만 세숫대야에 담그기만 해도 먹물이 될 정도인 발을 닦아주었다는 것은 하나님의 사랑의 마음이 아닐 수 없다. 오히려 함께 사역하고 있는 몽골 지도자들은 내게 눈물을 글썽이며 말했다.

김 목사님, 오늘 많은 감동을 하였습니다. 이제까지 걸인 예배에 세족식을 한 번도 하지 않았는데 걸인들의 표정도 진지했고, 한국 청년들의 자세를 보며 저희가 은혜를 받았습니다. 진정으로 감사를 드립니다.

이렇게 인사를 하며 나를 뜨겁게 포옹했다. 감사한 것은 누구보다도 나였다. 염려했던 것보다 순조롭게 잘 진행되었고, 청년들이나 걸인들 사이에 꺼림칙한 마음이 없이 은혜롭게 마치고 스스로 감동하는 것에 감사했다.

주님의 사랑이 아니면 어떻게 이러한 일이 가능하겠는가?

이번 단기팀 방문으로 교회와 각자 모두에게 하나님의 마음을 품고, 그의 나라를 꿈꾸는 복된 계기가 되기를 기도할 뿐이다.

한국형 수박과 참외를 산 기쁨

2012년 8월 27일, 월

고향 교회 선교팀을 보내고 허전한 마음을 달래고 있는데 앞집에 사는 선교사가 전화했다. 지금 막 한국에서 건너온 수박과 참외를 빌라 단지 안에서 판매를 시작한다는 반가운 소식이었다.

한국에서 건너온 수박?

내가 살고 있는 단지 안에는 한국 선교사들이 여러 명 살고 있다. 그중 한 선교사 가정이 시골에서 수확한 여름 과일이었다. 한국에서 온 것이 아니라 한국의 씨를 가져와 심었다는 것이다. 어쨌든 한국 수박인 것이다.

값은 생각보다 좀 비쌌지만, 몽골에서 구경할 수 없어서 수박 하나와 참외 한 봉지를 들고 들어와 그 자리에서 잘라먹었다. 올 사람도 없지만 누가 올까 걱정까지 하면서, 사람이 궁색하게 살다 보니 쓸데없는 궁상만 늘어 가는 내가 치사하고 흉물스러웠다. 이런 성품으로 선교사라니 가련한 마음도 들기 시작했다.

더욱이 어릴 적 맛이 지금 한국에도 없는 시대이지만 그 맛을 억지로 살려 가면서 배가 터지도록 먹고 행복감(?)에 잠시나마 빠져 있었다. 그러나 행복한 감정은 몇 분을 유지하지 못하고 이내 못난 나 자신을 질책하기 시작했다.

지난겨울에 아내가 방문했을 때 선교사 모임에서 설교를 들었다. 복숭아 하나를 사지 못하고 냄새만 맡았다는 이야기로 누구나 공감하고 체험했던 눈물겨운 시간이 있었다. 한국의 풍요 가운데 살면서 감사한 줄 모르고 살다가 척박한 선교지에 오니 모든 것이 그립고 감사한 마음뿐이라는 선교사의 말에 박수까지 나왔다.

나 역시 지난가을에 한국에서 건너온 배 하나를 사려고 계산대에 갔다가 기겁하고 되돌려 놓은 적이 있었다. 아내는 간혹 당신 자신에게 선물하는 심정으로 사라고 권유했지만 걸인 사역자가 그렇게 한다는 것은 상황 윤리에 맞지 않는다는 외형적인 편견을 갖고 있었다.

밥보다는 떡을 좋아하고 떡보다는 과일을 즐겨 먹는 내게는 과일이 생산되지 않는 몽골 생활은 형벌이나 다름이 없다. 그래서 시드니나 한국에 가면 각종 과일을 탐욕스럽게 먹곤 한다. 아내는 농담으로 과일이 당신을 먹고 있고, 과일 못 먹어 한 맺힌 사람처럼 보인다고 놀리기도 한다. 몽골에는 기후 탓도 있지만 과일이나 야채를 재배하지 않고 즐겨 먹지도 않는다. 우리 집에 오는 몽골 청년들은 고기 없는 식사에 대해 이렇게 반문하기도 한다.

"사람이 짐승이 아닌데 어찌 풀만 먹고 살 수 있냐?"

모든 과일은 중국과 러시아에서 수입을 한다. 간혹 몽골에서 나오는 수박이 있는데 작을뿐더러 지리고 맛이 없어 한 입 이상 입에 댈 수 없을 정도다. 그리고 시장에 있는 과일은 대체로 시들어 있다. 사는 사람이 거의 없기 때문이다. 공항에서 종종 몽골인들이 딸기나 그 외 과일을 들고 오는 모습을 볼 수 있다. 한국에서 살다 온 몽골인들은 한국의 과일의 맛을 못 보는 것이 가장 아쉽다고 말한다.

한국의 토질은 부지깽이만 심어도 싹이 난다는 말이 있을 정도로 옥토이다. 요즘 화학 비료로 인해 토질이 바뀌고 말았지만, 아직도 한국은 맛있는 과일이 풍성한 복 받은 나라임에 틀림이 없다. 없어 봐야 소중함을 아는 것처럼 좋아하는 과일이 없는 나라에서 산다는 자체만으로도 내게는 선교라고 애써 정의하고 싶다.

교통비 송금하고 나서
2012년 8월 30일, 목

몽골인들은 6월이 되면 산과 들로 나가기에 분주한 민족이다. 짧은 겨울 방학을 지내고 6월부터 8월 말까지 녹색 세계로 빠져든다. 여유가 있는 가정은 여름 집(별장)으로 가고 그렇지 않은 가정은 시골이나 지방에 있는 친척 집으로 떠난다. 지방에서 도시로 올라와 공부하는 학생들에게는 여름 방학은 손꼽아 기다리는 시간이다.

내가 사역하고 있는 교회의 한 자매는 국방대학교 학생인데 서쪽으로 1,500킬로미터 떨어진 곳에서 와서 공부하고 있다. 방학을 맞이해 고향으로 갔다가 오기 전날 내게 전화했다. 울란바토르로 가려고 하는데 차비가 없으니 부쳐 주면 도착해서 주겠다고 했다. 그리 많은 이야기를 나눈 자매가 아니었다. 단지 아는 한국 평신도 선교사와 가까운 사이여서 함께 식사한 적이 있었다. 그런데 부탁을 한 것이다. 도와 줄 것이라고 확신한 모양이다.

얼마나 다급했으면 그랬을까?

목축업을 하는 가정에서 공부시키는 것이 쉽지 않은 일인지 알고 있었지만 자기 집에서 출발하는 사람이 차비가 없어서 못 온다는 것은 이해하기 어려웠다. 그러나 차비에 오다가 간식이라도 사 먹을 여비까지 송금해 주었다. 삼 일을 쉬지 않고 비포장 산길을 오는 것도 쉬운 일이 아니기 때문이다. 그렇다고 받을 생각을 하고 준 것도 아니다. 만일 준다면 다시 쓰라고 주려고 생각했다. 이제까지 다른 이들에게 그렇게 해 왔다.

몽골인들에게 빌려 달라는 말은 달라는 말이라는 것을 전에 들은 적이 있다. 우리의 상식으로는 빌리는 것과 주는 것에는 많은 차이가 있는데 이곳은 그렇지 않은가 보다. 이것 역시 문화 차이로 볼 수 있다. 그래서 빌려 달라고 할 때는 주는 마음으로 주든지 아니면 주지 말라는 것이다.

돈거래를 하는 것을 보면 그 사람의 성향을 알 수 있다. 하지만 선교지에 있는 선교사들은 현지인들의 인식 속에 돈 많은 부자로 아는 선입견이 있다. 그래서 돈에 대한 사고가 많고 그것으로 사람 잃고 돈 잃는 것만 아니라 사역지를 떠나야 하는 불상사가 일어나기 마련이다. 그뿐만 아니라 선교사들은 모든 것을 돈으로 해결하는 경우가 종종 있다.

그릇된 습관을 심어주는 것이 일종의 병폐인데, 그것이 얼마나 다른 사역자들을 힘들게 하는 요인인지 모른다. 어떤 청년은 돈이 필요할 때마다 병원에 입원한다는 말을 들었다. 그러면 선교사가 찾아가 돈을 주게 되니 갈수록 악습을 키워 주는 꼴이 된다. 물질이 선한 인간성을 추하게 하는 것이다.

선교사는 돈으로 교회를 세우고, 돈으로 사람을 키우는 것이 아닌데 마치 모르핀 주사를 놓듯 사역하는 것을 볼 수 있다. 그러한 방법을 쓰지 않고, 능력도 없는 나와 같은 선교사는 비난의 대상이 될 수밖에 없다. 그동안도 몇 번 이야기를 들었다. 다른 선교사들은 그렇게 하는데 돈이 있으면서 왜 김 목사님은 인색하냐는 식으로 따지며 달려든 적도 있다. 호주에서 왔으니 한국 선교사들보다 더 풍요함을 갖고 있다고 생각하는가 보다.

마음을 다해 사랑하고, 함께해 주는 것이 돈을 주고 일을 시키는 것보다 훨씬 효과적인 것으로 알고 있고, 또 나는 그것밖에 할 수 있는 것이 없는 사람이다. 몽골 청년들은 졸업시험을 앞두고, 혹은 입학 시즌이면 돈을 빌려 달라는 전화가 여러 차례 걸려 온다. 그때마다 어렵사리 거절하곤 한다. 그것으로 사람을 잃으면 돈을 줘도 마찬가지일 테니까.

시드니에서 B 장로님과 4주간의 여행을 마치고

2012년 9월 20일, 목

7월 초에 시드니에서 어깨 치료를 마치고 몽골에 온 이후로 줄곧 정신 없는 스케줄 가운데 몸과 마음이 지쳐 있었다. 아는 목사님과 우물을 파기 위해 돈드고비(중부 사막 지역)에 가서 일주일을 지냈고, 단기 선교팀과 열 하루를 다녔고, 고향 교회와 일주일을 보냈다. 이어서 시드니에 계신 장로님이 한국에서 임플란트 치료를 받는데, 한 달 후에 다시 치료받을 때까지 몽골에 오셔서 함께 지내기로 했다. 혼자 지내기에, 누군가 동무 삼아 함께 있으면 좋은데 문제는 식사하는 일이다. 나 혼자는 아무렇게 해서 끼니를 때우는 식인데 누군가 있으면 그럴 수 없는 일이다.

그래서 생각한 것이 몽골 전역을 여행하는 것이었다. 이번 기회를 통해 몽골의 다른 지역의 문화를 경험하고, 새로운 선교 사역을 구상하는 계기로 삼기로 했다. 장로님도 좋은 시간이 될 것이라며 쾌히 승낙하셨다. 한 달 동안 집에 있는 날은 거의 없었다. 버스로 사막을 횡단하는 것이 쉽지 않지만, 모험을 감행했다.

통역 자매와 우리 두 사람은 동부 사막에 위치한 생상드라는 작은 도시에 가서 한국 선교사 세 가족을 만났다. 열 시간 동안 느린 기차를 타고 왕복했다. 딱딱한 침대칸이어서 덜컹거릴 때마다 잠이 깨곤 했다. 그렇지만 황량한 사막에 놓인 레일 위를 달리는 것만으로도 마음이 치료되는 느낌이었다.

통역 자매의 고향은 '만래'라는 남부 지방인데 울란바토르에서 550킬로미터 떨어진 이천 명 정도밖에 살지 않는 지역이다. 그곳에 가기로 하고 버스에 몸을 맡겼다. 소요 시간은 약 15시간이다. 가다가 두 번 정도 차를 수리하고, 중간에 들러 식사하는 시간을 갖는다.

우리는 늦게 표를 예매하는 바람에 각각 떨어져 앉아서 가야 했다. 중간쯤 가고 있을 때 몽골 남자 한 명이 나를 힐끗 쳐다보며 자기들끼리 이야기했다. 버스 안에는 어용톨거이 금광으로 일하러 가는 노동자들이 대부분이었다. 사람들도 험악스럽고 거칠었다. 식사 시간에 술을 마셔서 술 냄새가 버스 안에 진동했다.

예상했던 사건이 발생했다. 한 명의 남자가 의자에서 일어나더니 내가 쓰고 있던 모자를 벗기며 내 머리를 몇 번 내리쳤다. 술을 먹으니 시비를 걸고 싶었나 보다. 차 안에 갑자기 긴장이 흘렀다. 아무도 말릴 사람이 없었다. 모두 같은 편이었다. 그때 통역 자매가 소리를 지르며 이 사람은 중국 사람이 아니라 한국 사람으로 대학교 교수님이라고 했다.

이 말을 들은 승객들은 야유를 퍼부었다. 하지만 일단 한국인이라는 말은 작은 방패가 될 수 있었다. 옆 자리에 있던 남자가 내게 손을 내밀며 중국 사람으로 착각해서 미안하다고 했다. 나는 별도리 없이 괜찮다고 응수했다. 이 광경을 본 장로님은 앞자리에서 안타까운 마음으로 바라만 보고 있었다. 어쩔 방법이 없으니, 그것이 상책이다. 장로님은 전에 내가 그런 일을 당했다는 말을 들었지만, 눈 앞에서 보니 마음이 아파서 눈시울이 붉어졌다.

긴 여정 끝에 버스는 종착지에 도착했다. 정류장에는 자매의 이복 언니 부부가 나와 있었다. 그 부부는 초등학교 교사를 하고 있었는데 인상이 편안해 보였다. 언니지만 통역 자매를 어릴 때부터 키웠기 때문에 엄마처럼 생각하고 지내고 있다고 했다. 그리고 다음 날에는 그곳에서 한 시간 거리에 살면서 목축업을 하는 그의 형제들을 만났다.

외국 사람을 처음 만난다면서 마치 자기 형제를 만난 것처럼 반가워했다. 게르 안에 세 명의 어린아이와 함께 사는 부부는 가난한 목축업을 하면서 잿빛 얼굴을 갖고 있었지만 계속 웃음이 가득해 우리 마음도 친근감이 들었다. 그러더니 한쪽 구석에서 무엇인가 꺼내어 보여 준 물건은 보석이 박힌 은으로 만든 말 안장이었다. 아들에게 물려줄 가보라고 했는데 생각보다 엄청난 고가의 물건이었다. 통역 자매는 자기 형부의 형이 우리를 꽤 좋아하는 것이라고 이야기를 해 주었다. 하긴 가보를 아무에게나 보여 주는 것은 어느 나라에서든지 볼 수 없는 일이다.

그 가정은 게르 주변에 있는 산 부추와 산 마늘을 뜯어 즉석에서 만두를 해 주었고 하룻밤을 자고 가라고 당부했다. 바닥은 땅바닥과 다르지 않았다. 시골에 사는 사람이어서 그런지 상당히 우호적이고 마음을 열고 환영하는 모습이 인상적이었다.

우리는 다시 버스를 타고 집으로 올라와 하루를 쉬고 다음 날 다시 자매의 남편 고향인 어르항가이라는 지역으로 가기로 했다. 그곳은 서북쪽으로 500킬로미터 정도 떨어진 작은 읍 단위 도시였다. 자매 시누이의 아들이 우리를 인도해 그곳에서 다시 170킬로미터를 달려 폭포가 있는 공원으로 갔다. 길이 없지만 강을 건너고 산을 돌면서 달렸다. 그리 크지 않은 폭포이지만 많은 사람이 구경하러 온다는 것이다.

운전사가 폭포 지역에서 숙박업을 하는 친구와 점심을 먹으면서 보드카를 마셔서 나는 걱정을 했다. 오는 도중에 차를 멈추고 그의 아내와 삼 십여 분 동안 전화로 욕을 하면서 싸웠다. 그러더니 전화기 밧데리를 빼어 던지고는 비포장 길을 미친 듯이 달렸다. 우리 셋은 이렇게 가다가 천국으로 곧바로 가겠다고 걱정하면서 가까스로 시내까지 올 수 있었다.

내 등에는 진땀이 흥건했다. 시내 아스팔트 길을 200킬로미터 정도로 달렸다. 자매는 두려운 마음으로 조심스럽게 속도를 늦춰 달라고 했다. 나는 당장 내리고 싶었다. 젊은 친구가 가정불화로 인해 다른 사람의 생명을 위협하는 행동에 대해 분노가 치밀었다. 버스를 타고 집으로 돌아오는 동안 장로님은 심하게 놀란 얼굴이었다. 몽골에 와서 이대로 가는 줄 알았다면서 말을 잇지 못했다. 내가 오히려 미안했다. 잘못 선택한 여행길이었다. 하루하루 살아간다는 것은 기적과 같은 일이다. 하나님의 인도하심이 아니면 아무런 보장이 없는 삶이다. 그래서 더욱 감사한 것이다.

그 외에도 여러 지역을 다니며 간증을 하고 많은 사람과 교제했다. 게르 마을의 걸인들에게 위로의 말과 음식을 나누어 주었고, 산골짝 마을을 방문하면서 격려를 아끼지 않았다. 이러한 그리스도의 사랑과 정성 어린 물품으로 그들에게는 작은 힘이 되었으리라 확신한다.

한 달 동안 많은 경험을 하고 때론 위험을 느꼈지만 건강한 모습으로 출국하시는 뒷모습을 보며 다행스러운 긴 숨을 내쉴 수 있었다. 잘해 드리지 못한 것이 마음에 걸렸다. 하지만 그리스도 안에서 형제 되어 깊은 대화를 나눔으로 서로를 알게 된 유익한 시간이었다. 하나님의 나라를 세우기 위해 자기 물질과 시간을 바치며 여러 나라를 순회하는 장로님의 아름다운 마음이 그날이 오기까지 지속되기를 기도하며 함께 여행하면서 많은 물질적 헌신에도 감사했다.

사도 바울의 심정으로

2012년 11월 4일, 주일

도심에서 30킬로미터 떨어진 작은 마을에서 게르 교회를 담당하는 여전도사는 오래전부터 방문해 달라는 요청을 했다. 어려운 환경에서 사역하는 지도자들을 대상으로 방문하는 일이 나의 사역 중 하나다. 전에 몇 번이나 부탁을 받곤 차일피일 미루게 된 것이 미안해 오늘 가기로 했다.

예배 후 친교 시간에 나눌 간식도 어제 미리 사 두었다. 버스를 두 번 갈아타고 가야 해서 일찍 집을 나섰다. 두 시간 이상 소요되는 거리다. 어제 구역예배를 갔다가 늦게 집에 들어와서 다른 날보다 힘이 들었다. 종점에서 내려 2킬로미터 정도 산골 마을로 걸어 올라가야 교회에 도착할 수 있다. 영하 17도, 새벽부터 눈이 내렸고, 골바람이 매섭게 불었다. 흙먼지가 온몸을 몇 번 감싸고 스쳐 갔다. 짙은 석탄 연기와 찬바람에 눈물이 나오고, 콧등이 시렸다. 교회를 향해 힘겹게 올라가면서 한국에서 사역했던 초창기 선교사들을 생각해 보았다.

지금보다 훨씬 열악한 환경에서 복음을 증거한 역사의 주인공들은 어떠했을까?

이민자들이 여러 해 동안 호주에 살아도 낯설게 느껴지고 적응하기가 쉽지 않은데, 언어도 통하지 않고 문화 차이에, 여러 가지를 감내하며 복음 전파에 힘쓴 선교의 선배들을 떠올렸다.

이러저러한 생각을 하며 교회에 도착하니 이제 막 석탄을 피우기 시작해서 작은 게르 교회 안에 연기가 자욱했다. 설교하는 중에도 연기가 빠져나가지 못해 목 안에서 맴돌았다. 머리가 지끈거리고 목은 꽉 막히는 고통을 감내하며 예배를 마쳤다. 짧은 시간 동안 얼었다 녹은 붉은 나의 얼굴을 본 교인들이 감기 들었냐고 물었다. 교인 십여 명이 예배를 드리고 있는데 동네 아이들이 교회에 들어와 소란을 피우며 놀고 있었다. 얼마나 추우면 그럴지 생각하니 마음이 아팠다.

돌아오는 길에 산등성이로 가면 조금 빠르게 갈 수 있다 해서 갔더니 쌓인 눈길은 먼지 길보다 더 힘들었다. 산비탈을 달리는 낡은 버스 운전사는 예비용 생명이 있기라도 한듯 걷잡을 수 없는 속도로 눈길을 달렸다. 오늘 아침에 양복을 입고 설교자로 나선 내 옷차림은 엉망이 되었다. 다음부터는 양복을 입지 않는 게 좋을 것 같다.

한 생명에 복음을 전할 수 있다면 그보다 소중한 일이 없기에 요청하는 곳이면 어떠한 열악한 환경일지라도 부지런히 다니고 있다. 스스로 생각해 보아도 감사한 것은, 불평보다는 감사한 마음이 더 비중을 차지한다는 것이다. 이 일을 위해 보내심을 받았기에 겨자씨보다 더 작은 믿음일지라도 나눌 수 있고, 그것으로 그들이 주님을 알아갈 수만 있다면 얼마나 아름다운 발걸음인가 싶다.

울란바토르 시내에도 그렇지만 도시 외곽에 거주하는 주민들은 급등한 석탄 비용이 없어 거리에서 페트병이나 타이어를 주워 피우기 때문에 냄새는 말로 설명할 수가 없다. 적응이 되어 간다고 생각은 들지만 한 번씩 이런 원초적인 냄새를 맡을 때마다 열악함에 놀라기도 하고, 나의 몸은 견디기 쉽지 않아 나락으로 떨어지는 듯했다.

알면 알수록 상상할 수 없는 가정의 문화, 현실적으로 해결할 수 없는 숱한 갈등과 정신적, 육체적 병적 증세는 감당하기 쉽지 않다. 하지만 이들과 전통 음식을 먹고 비릿한 우유 차를 마시고, 그들이 손수 만든 과자를 먹고, 쾌쾌한 옷 냄새를 맡으며 포옹해야 하는 일 모두가 내게 주어진 사역의 일부분이다.

이러한 반복적인 일상을 통해 만끽하게 되는 것은 은혜다. 새로운 이들과의 만남, 삶을 나누며 이들 앞에서 내가 알고 있는 하나님을 전하며 공동의 목표를 향해 나아가는 것, 또 지금까지 헤아릴 수 없이 경험하지 못한 환경 가운데서도 건강하게 살게 하시는 것에 이르기까지 은혜가 아닌 것이 없다.

부유한 자나 가난한 자나 세상 모든 사람은 주님의 은혜로 인해 매 순간 살아가는데 저들도 이 사실을 자기 입술로 시인할 수만 있다면 이보다 더 큰 은혜는 없다고 생각된다. 그리고 그날이 온다면 이 모든 어려움을 능히 극복할 수 있다고 믿는다. 당연하게 느낄 수 있는 주님의 은혜를 오늘 하루 종일 깊이 거듭 깨닫게 하신 은혜에 너무 감사한 하루였다.

착륙하지 못하고 선회하는 비행기

2012년 12월 17일, 월

한국에 가기 위해 공항으로 가는 길은 여느 때보다 유난히 한가로웠다. 한국에서 출발한 항공기는 몽골 공항에 착륙한 후 한 시간 남짓 정비를 하고 곧바로 인천 공항을 향해 이륙한다. 그래서 입국하는 승객들과 출국하는 승객들이 공항에서 교차하며 차들로 분주하다.

그런데 오늘 공항을 왕복하는 길이 너무 한가로워 이상하다는 생각이 들었다. 하늘은 먹구름보다 더 검붉은 연기 층이 곧 무너져 내릴 듯한 기세였다. 햇빛은 거기에 눌려 아무런 힘을 발휘하지 못하고 동굴에 갇혀 있는 듯했고, 영화 속에 나오는 듯한 죽음의 도시가 연상되었다. 대합실에 도착하니 아직 비행기가 착륙을 못하고 선회하는 중이라는 방송이 흘러나왔다. 출국하는 승객들은 이미 연락받고 아직 공항에 도착하지 않았고 입국하는 승객들은 한 시간 동안 아직 하늘을 맴도는 중이었다.

연기 층이 너무 짙고 넓게 덮고 있어서 항공기 기장이 활주로를 찾지 못하고 있다는 이유였다. 바람이 불면 연기가 이동을 하지만, 오늘은 바람이 불지 않아 그렇다는 공항 직원의 해명이었다. 그 직원은 한 시간 정도 연료를 소비하면 다시 한국으로 갈 수밖에 없다고 말하면서 그렇게 되면 엄청난 비용을 감수해야 하므로 웬만하면 비상착륙을 할 가능성이 많다는 것이었다. 결국, 한 시간 후 공항에서는 비상벨이 울리면서 필사적인 긴급

비상 착륙 작전을 벌였다.

　힘겹게 공항을 빠져나오는 승객들은 안도의 숨을 쉬면서 기쁨을 감추지 못했다. 그러나 출국하는 승객들은 몇 시간을 기다려야 한다는 방송이 나왔다. 차가운 철 의자에서 일곱 시간을 떨며 기다리다가 새벽쯤에 탑승 수속을 마칠 수 있었다.

　몽골의 특별 상황은 어쩔 수 없다고 해도 국제 공항이 하나뿐인데 난방 시설이나 의자를 바꿀 필요가 있다. 공항은 관광객을 배려하는 첫 이미지가 담긴 기관이다. 그러나 무슨 생각을 하고 정치를 하는지 이해가 되지 않는다. 작년에 아내는 1월에 한국으로 출국할 때 8시간 이상 추위에 떨다가 몸살에 걸렸었다.

　한편으로 볼 때 모든 상황이 제시간에 이루어진다면 선교지가 아닐 것이다. 그 옛날 한국에 복음을 들고 들어온 선교사들은 비행기를 탄다는 것은 상상도 못 했다. 몇 달 동안 태평양을 건너오며 풍랑과 모진 비바람을 맞았을 것이고, 연약한 여성들은 뱃멀미로 수많은 고난의 시간을 보냈으리라 짐작이 된다. 그런데 지금은 거기에 비하면 최상의 조건이다.

　불평보다는 감사해야 할 일들이 더 많은 시대를 살고 있다. 대합실과 비교할 수 없이 포근한 비행기 안에 들어오니 잠이 밀려왔다. 누군가 어깨를 두드리는 바람에 눈을 떠 보니 벌써 밝은 불빛이 환히 비추고 있었다. 인천 공항에 착륙한 것이다. 짧든 길든 하늘에 떠 있는 동안 숨을 쉬고 있지만 내 생명은 이미 내 것이 아니다.

　지상에 걸어 다닌다고 할지라도 역시 내 생명은 내 것이 아닌 것은 마찬가지다. 늘 이러한 생각을 갖고 여행하면 숨 쉬는 것 하나에도 선하신 인도하심에 찬양이 흘러나온다.

제4부

몽골의 초상화

2013년

내일이 없는 인생들

2013년 1월 26일, 토

    몽골의 1월 하순은 가장 맹위를 떨치는 겨울 한복판이다. 눈이 하염없이 내리고 바람은 윙윙 소리를 내며 영하 30, 40도까지 내려가는 날씨가 면도날로 베는 듯이 얼굴을 스치고 지나간다. 이럴 때일수록 게르 마을의 걸인들에게 무언가 가져다주어야 한다는 마음 때문에 좌불안석이다. 그래서 빵과 양말, 면장갑을 양손에 들고 찾아갔다.

    한 게르에 부모와 두 어린아이가 힘겹게 살고 있다. 어린아이들 때문에 더욱 마음이 가게 된다. 게르의 문을 열고 들어서니 눈을 뜰 수 없을 정도로 매운 연기가 코를 찌른다. 석탄을 사 주어도 수위가 횡포를 부리는 바람에 석탄을 제대로 공급받지 못하는 경우가 많고, 그런 연유로 길에서 패트병이나 쓰레기 등을 주워 난로에 피운다. 온통 그을음과 냄새, 또 먹다 버린 음식 찌꺼기, 아이들의 소변 냄새, 검정빛 이부자리가 눈에 들어왔다. 그리고 그 안에서 한 줌의 밀가루로 무언가 음식을 만드는 중이었는데 과연 사람이 먹을 수 있는 것인지 모를 정도였다. 이렇게 먹고 생명을 부지하고 있다는 자체가 신기한 일이 아닐 수 없다.

    처음 게르 마을을 시작할 때는 아까운 마음이 들 정도로 새 게르를 공급해 주었다. 그러나 얼마 안 가서 형체를 알아볼 수 없을 정도로 바꾸어 놓고 만다. 자기들이 살아가는 삶의 터전에 대해 아무런 개념이 없다. 거의 매일 술을 먹고는 벽을 이루고 있는 나무 살을 발로 걸어차는가 하면, 마루바닥을 난로에 넣어 불을 피워 흙바닥을 다시 만들어 놓고 만다. 화장실이 있지만 거기까지 걸어가는 것이 춥다는 구실로 몇 걸음 걷지 않고 게르 주변을 형편없이 만들어 놓고 있다.

가난은 생각과 행동이 게으른 탓이다. 하루 종일 거리를 다니며 병을 줍고 박스를 주워서 팔면 음식을 사기보다는 고작 술 한 병만 사 들고 들어온다. 술을 먹고 들어오면 게르 마을을 떠나야 한다는 제도를 만들어 놓았지만 막무가내다. 법과 규칙이 통하지 않는 사람들이다. 같은 하나님의 자녀로 세상에 태어나 살아가고 있지만 삶의 모습이 달라도 너무 다른 이들을 보면 아무런 생각이 떠오르지 않는다. 한없이 나누어 주고, 먹이고 입혀 주며 작은 사랑을 전하고 있지만 감정이나 대화가 통하지 않아 안타까움을 넘어 분노가 치밀 때가 있다. 이럴때면 절대 만만하지 않은 이 사역을 언제까지나 해야 하는지 회의적인 생각이 들기도 한다.

경찰이나 구청 직원은 몇 차례 나를 불러 게르 마을을 옮기든지 없애지 않으면 어떤 조처를 하겠다고 엄포를 놓고 가기도 했다. 주변 사람들도 걸인 공동체가 있다는 것에 불만이 가득 차 있다. 게르 마을 아이들이나 여성들은 이 무법사들에 대해 불안한 마음을 갖고 있기 때문이다. 집에 돌아와 우리 부부는 밤새 고민에 빠져 있었다. 답이 없는 문제를 풀어 가는 심정이다.

무언가 단호한 결단을 내려야 할 때가 온 것일까?

지역을 옮기든지 아니면 벽돌 건물을 짓든지 해야 할 것이다. 우리에게 주어진 사역이 이 걸인들을 위한 것이라면 피하기보다는 더 나은 환경과 미래 지향적인 구상을 새롭게 해야 한다. 거처할 집, 난방을 위한 석탄과 간식을 주는 것으로 끝나는 것이 아니라 무언가 생산적이인 조치, 즉 내일을 살아가도록 준비해야 한다는 생각이다.

우리가 하나님으로부터 받은 헤아릴 수 없는 많은 복을 나 혼자만 누리는 것이 아니라 이렇게 처참하게 하루하루 연명하며 살아가는 불쌍한 영혼들에게 작은 마음이나 빵 한 조각이라도 주님의 사랑으로 나눌 수 있다면 얼마나 좋을까?

반드시 신앙인이 아니더라도 얼마나 풍요한 삶을 누릴 수 있게 될까?

밑 빠진 독에 물 붓기 사역을 그만하라는 사람들이 많아진다고 할지라도 이들을 위해 새로운 일을 구상해 지금보다 조금 더 나은 삶의 환경과 미래를 준비해 주는 것이 우리가 해야 할 선교가 아닐까 한다.

파송 교회 김 장로님의 위문 편지
2013년 2월 4일, 월

    중앙 우체국에 사서함을 개설은 했지만, 편지를 주고받는 시대가 아니라 시내를 나갈 일이 있을 때 열어 보곤 한다. 이것은 한두 분의 편지 때문이다. 오늘도 사서함을 열었더니 고즈넉한 자세로 누워 있는 편지 한 장을 손에 쥘 수 있었다. 반가움에 얼굴에 생기가 도는 듯했다.
    파송 교회 은퇴 장로님은 벌써 네 번째 편지를 보내 주셨다. 오랜 동안 대상 포진을 앓고 계시면서 이메일이 아닌 구형 타이프라이터로 또박또박 치신 손가락이 눈에 선하게 들어온다.
    교회 소식과 이민 사회 등을 간략히 요약해서 세 장을 빼곡히 채워 타이핑하시는 일이 얼마나 고된 노동일지 생각하니 마음이 쓰리고 아프기까지 했다. 장로님은 파송예배를 마치고 댁으로 가시면서 내게 말했다.

    목사님은 전생에 무슨 죄가 그리도 많아서 목사가 되셨고 그것도 모자라 선교지로 가시게 되었습니까?
    부족하지만 기도하겠습니다!

    이 한마디는 수년이 지나도 내 귓가를 맴돌고 있다. 이민 교회 가운데 목회자와 교인들 간에 헤아릴 수 없는 갈등과 반목, 분열과 싸움 등을 목격하면서 내린 한마디 결론과 같은 말씀이었다. 사람 되라고 불러서 목사로 만들어 주셨지만 여전히 목사는 그만두고 사람조차 못되어 가족과 교인들의 마음을 갈기갈기 찢어 놓는 중죄인 같아 속죄하는 마음으로 선교지로 떠나온 내 심정을 그대로 엿보신 것 같아 부끄러웠다.

몸이 불편하신 가운데도 편지를 쓰는 장로님의 마음은 부족하기 짝이 없는 나의 사역에 큰 힘과 위로가 된다. 한 편의 편지를 쓰기 위해 내가 보낸 선교 소식을 몇 번이나 탐독하신 듯하고, 몽골에 대한 다큐멘터리 프로그램을 열심히 보시는 것 같았다. 그렇지 않고는 상세하게 쓸 수 없기 때문이다.

몽골 사막에서 자라는 동물들이 털 속에 모래가 쌓여 중량 때문에 죽어 간다는 소식, 지하수가 말라 가기 때문에 사막화 현상이 심각해지고 있다는 소식, 게르 마을 사역을 누구보다도 잘 이해하고 계신 듯했다. 그리고 파송예배 때 설교 본문까지 인용해 다시금 선교사의 사명을 각인시켜 주시는 자상한 장로님께 뜨거운 박수와 건강을 위해 응원할 뿐이다.

시드니 방문 때마다 장로님 온 가족이 정성으로 차린 식탁을 제공하고, 장로님의 눈물로 식탁을 흥건하게 적시면서 기도해 주시던 모습들이 식어 있는 나의 가슴을 따뜻하게 해 준다. 사랑의 온천처럼 …. 예전에 시드니에서 목회할 때 "목사는 성도들과 커피를 마실 때 가장 행복하다"라고 하곤 했다. 내가 커피를 좋아해서라기보다는 늘 만나 삶의 이러저러한 이야기를 나누며 한마음이 될 때 목사가 힘이 난다고 생각했기 때문이다. 그러나 선교사는 성도들의 뜨거운 기도와 눈물, 진심이 담긴 사랑과 위로 등으로 사역한다고 생각해 보았다.

지난 12월 31일에 쓰신 편지에는 주변의 여러 친구가 하나님 나라로 간 것에 안타까워하시면서 이젠 내 차례가 되었다고 생각하셨다는 것이다. 그러면서 죽고 사는 것은 모두 하나님의 섭리에 있으니 감사하며 살 뿐이라고 끝을 맺었다. 그 한마디는 선교사 역시 죽고 사는 문제에 두려워 말고 하나님께 맡기라는 권면으로 들렸다.

기도 중에 운명한 환자

2013년 2월 9일, 토

    호스피스 병원과 교회를 잠깐 맡기로 해서 찬양단과 성가대 연습을 위해 토요일 오후에 모였다. 교회에서 연습하고 있는데 한 간호사가 내게 달려와 두 환자가 임종할 것 같으니 예배를 드려 달라고 했다. 찬양대원들과 환자의 가족들이 좁은 병실에 모여 함께 예배를 드렸다. 거칠었던 숨이 조용해졌다. 잠시 자는 듯했다.

    옆방에 있는 또 다른 환자는 너무 급해 보여서 기도만 하기로 했다. 눈동자가 풀려 있었고 콧김이 약해져 있었다. 환자의 마지막 시간을 위해 이마에 손을 얹고 기도하는 동안 손에 느껴지는 온도가 갑자기 떨어졌다. 나는 성급한 마음으로 작은 소리로 아멘 하며 눈을 뜨자 더 이상 숨소리가 들리지 않았다.

    이어서 간호사가 내게 옆방의 환자가 운명했다고 전해 주었다. 예배를 드리는 동안 두 사람은 더 이상 이 세상의 사람이 아니었다. 두 방에서 가족들의 흐느끼는 울음소리를 들으며 병실을 나왔다. 간호사는 장례 준비를 하느라 분주하게 발을 움직였다. 나의 마음은 뭉클해졌다. 환자의 가족은 내게 살려 달라고 간곡히 부탁했지만 나는 하나님의 손길에 맡기는 기도를 드렸다.

    도저히 소생할 기운이 없는 이들의 생명을 내가 어찌할 수 있겠는가?

한 가족은 내게 와서 이렇게 물었다.
"우리는 한 번도 교회를 다닌 적이 없지만 기독교 장례식을 하겠습니다. 그렇게 해도 될까요?"

나는 병원의 질서를 잘 몰라 상의한 후 알려 주겠다고 하면서 의사에게 문의했다. 의사는 김 목사님이 장례식을 치르면 된다고 해서 나 역시 그렇게 하기로 했다. 순식간에 두 사람의 영혼을 하나님께 맡기며 기도하였고 그들을 받아 주신 하나님께 감사했다. 예배를 드리는 중에, 찬양을 부르는 조용한 시간에 주님 앞으로 간다는 것이 축복이 아닐지 하는 생각이 들었다.

구원에 관해서는 하나님이 책임지실 일이고 나는 다만 중보 기도를 드릴 뿐이다. 밤새도록 두 사람의 얼굴이 떠나지 않았다. 한 번 왔다 가는 인생이건만 건강이 허락되지 않아 내 나이보다 짧게 살다가 떠나고 말았다. 오래된 지병이어서 그런지 가족들은 담담히 받아들이는 듯 보였다. 우리 모든 인생은 한 줌의 재로 끝날 수밖에 없다. 때문에 살아 있는 동안 최선을 다해 사랑하고 선한 마음으로 살아야 한다. 그런데 대부분의 경우 그렇지 못함을 볼 수 있다.

우리의 삶을 보다 보람 있고, 의미 있게 살 수는 없는 것인지 …

장례식을 준비하며 연약한 인생에 관해 많은 생각을 하는 시간이 되었다.

귀엽고 사랑스러운 우리 목사님

2013년 3월 31일, 부활 주일

하늘이 부활 주일을 축하하는 듯 밤새 눈이 한 뼘 이상 내렸고 예배 시간에도 내내 내렸다. 긴 겨우내 내리는 눈을 지겹도록 보아 왔으면서도 아이들보다 연로하신 분들이 눈을 보며 더 좋아하는 듯했다.

임시 목회를 하는 교회지만 고난주간 내내 아침 기도회를 하면서 부활 주일을 맞는 성도들의 얼굴은 유난히 밝아 보였다. 청년들이 달걀을 색종이로 예쁘게 싸서 강대상에 올려놓고 주일학교 학생들의 율동 등으로 축하하면서 부활 주일예배를 드렸다.

한 가정에서 부활주일 식탁을 제공했다. 평소 교회에 나오지 않던 딸들이 어머니의 요청에 기꺼이 나와 마르다처럼 예배 도중에 음식을 만들어 식탁을 차려 놓은 것이다. 예배보다 더 중요한 일이 없는데, 이러한 생각을 갖고 축복기도를 드린 후 우리는 즐거운 만찬을 나누었다. 내 맞은편 식탁에 앉아 있던 자매는 나를 유심히 바라보더니 옆에 있는 성도들에게 불쑥 말을 던졌다.

"우리 김 목사님은 어렸을 때 참 귀엽고 예뻤을 것 같다. 지금도 굉장히 사랑스러워 보이지 않냐?"

그러자 다른 나이 지긋한 집사님은 이렇게 응수한다.

"맞아, 지금도 목사님 나이에 이렇게 사랑스럽게 보이기가 쉽지 않지."

이 말에 식탁에 둘러앉은 사람들은 손뼉을 치면서 기뻐했다. 부활의 기쁨 때문이었는지도 모른다. 처음 말을 던진 성도는 작은 목장을 하는 부인인데 약간의 거리를 두고 있어도 목장지기라는 것을 쉽게 알아차릴 수 있다. 염소 털 코트에 장화를 신고 일하다 교회에 오니 지독한 냄새로 인해 그녀 가까이에 사람들이 다가가기를 꺼린다. 그리고 주일마다 우유 한 병과 타락(요구르트)을 가져다 내게 선물이라고 하면서 목장이 번성하도록 기도를 요청하곤 한다.

그런데 오늘은 폭탄선언을 해서 모두를 즐겁게 한 것이다. 다른 성도들이 얼마나 공감했는지는 잘 모른다. 초등학교 3학년 때 여자 선생님은 나를 귀엽다고 하면서 업어 주시던 기억이 떠올랐다.

까무잡잡한 얼굴에 키 작은 촌놈이 얼마나 귀여웠을까?

그러나 이는 보는 이의 마음에 달린 것이다. 교회 생활 가운데서도 언제나 얼굴에 대해 열등감이 커 여학생 앞에 서지 못할 때가 많아 힘들었던 나였다.

하긴 흉악하게 보인다는 말에 비하면 얼마나 좋은 표현인가?

사람의 말이 행복을 느끼게도 하고, 절망의 늪에 빠뜨리기도 한다. 우리에게 입과 언어는 사랑스러운 말, 사람을 세워 주고 행복하게 하는 말을 하라고 하나님이 선물로 주신 것이다. 오늘의 즐거운 에피소드를 통해 진정으로 다른 사람에게 귀엽고 사랑스러운 얼굴을 보여야 하겠다는 또 다른 사명을 부여받았다.

가능하면 주님 앞에 가는 그 순간까지 그렇게 할 수 있을 정도로 마음의 평안과 기쁨을 주는 선교사의 삶을 살아 보리라!

거울은 여전히 그녀의 말에 동의하고 있지 않지만 말이다.

영혼을 사랑하는 목사님

2013년 4월 4일, 목

지난 주일의 행복한 시간을 엿보기라도 한 듯이 지난해 여름 동부 사막에서 철수한 자매로부터 메일을 받았다. 이름조차 기억할 수 없을 정도로 까맣게 잊고 있었는데 안부를 보내온 것이다. 제목은 이랬다.
"영혼을 사랑하는 목사님! ^^"
그러면서 다음과 같이 말을 이어 갔다.

죄송합니다. 너무 늦게 연락을 드려서 … 한국에 도착해 경황이 없었습니다. 마음의 안정을 잡기도 힘들었고, 직장을 잡는 것도 쉽지 않았습니다. 그러나 이제 겨우 숨을 돌릴 수 있는 여유를 갖게 되어서 인사드립니다.

기차역에서부터 교회에 함께 가서 예배드리고, 집에 와서 잠시 쉬었던 것이 전부였는데 어떻게 내가 영혼을 사랑하는 사람이라고 단정했는지 모른다. 그저 고맙다는 인사려니 하는 생각으로 치부하고 말았다.
반소매 티셔츠를 입고 있던 그녀에게 내 코트를 입혀 주고, 담당 목사가 오기까지 함께 있었던 것 외에는 한 것이 아무것도 없었는데, 그것으로 영혼을 사랑하는 사람이라는 표현은 아부이거나 문학적으로 과장된 발상일 수 있다.

아니면 간혹 가서 설교하는 작은 교회의 성도들이 내게 달려와 주님의 사랑 안에서 안아 주며 반가워하는 모습을 보고 그렇게 느꼈을까? 그때 나는 그 자매에게 해 준 말이 없었다. 너무 마음이 아팠기 때문이다. 그 자매는 내 딸아이보다 두 살 언니이지만 내 딸이 이 지경이었더라면 나의 심정은 어떠했을까 하는 마음이 교차하고 있었기 때문이다.

영혼을 사랑하는 분은 오직 주님 밖에 누가 있을까?

사람이 사람을 사랑한다는 것은 예외 없이 실속을 계산한 후에 하는 얕은 행위에 불과하다고 본다. 우리는 인간의 영혼까지 사랑할 능력이 없는 죄인일 뿐이다.

아무리 국경까지 넘나들며 사랑하는 사이라 해도 영혼까지 사랑한다고 자신할 수 있을까?

한 교회에서 평생 목회하는 목회자가 맡겨진 양들을 진심으로 사랑할 수 있을까?

어느 질문에도 속 시원한 답을 내릴 수 없는 것은 부패하고 이기적인 영혼이기 때문이 아닐까?

긍정적인 시각보다는 부정적인 시각이 많은 이 땅에 와서 내가 해야 할 일은 어떤 위대한 업적보다, 한 영혼이라도 사랑할 수만 있다면 성공적인 사역이라는 생각이 불쑥 들었다. 입에 달린 좋은 말보다 상처받고 찢긴 영혼들을 품고 사랑하기 위해 이곳에 왔기에 그렇게 해야 하는 것은 당연한 일이다. 억울하고 속상해도 꾹꾹 참아가며 가슴을 열어야 한다. 이 일을 더 충실히 감당하라고 또 하나의 경종을 울려 준 자매에게 감사할 뿐이다.

아내가 갑상선 암 수술 후 5주 동안 격리되다
2013년 5월 3일, 금

결혼 전 20대 초반에 갑상선 수술을 한 번 받은 적이 있는 아내는 늘 피곤해하곤 했다. 결혼한 후 아이를 낳고 편안한 삶을 마련해 주지 못해서인지 조금씩 심해졌다. 갑상선암은 독감에 걸리는 것처럼 병도 아니라는 말이 있지만 정작 본인들은 힘들어하는 것을 볼 수 있었다. 결국, 나는 아내의 또 한 번의 수술로 인해 시드니로 오게 되었다. 간단한 방사선 수술이어서 큰 걱정은 안 하고 있었지만, 아내의 표정은 그렇지 못했다.

짧은 수술을 마치고 나온 아내이기에 같은 차를 타고 갈 수 없어서, 아내는 택시를 타고 시내에 있는 H 목사님의 어머니 댁으로 이동했다. 권사님께서 아내가 격리하도록 친히 집을 비워 주시며 불편을 감내하신 것이다. 쉽지 않은 깊은 사랑과 배려에 감사할 따름이다.

아내는 5주 동안 홀로 지내야 했다. 주변에 있는 좋은 분들이 갖가지 음식을 해 주어서 나는 배달만 하면 되었다. 음식을 출입문 앞에 놓고 창문가에서 서 있는 아내에게 대충 인사하고 돌아서 나오곤 했다. 홀로 지내는 시간이 얼마나 길고 지루할지 하는 생각에 마음이 뭉클했다. 함께 오고 가는 딸아이는 그런 엄마를 향해 웃음으로 인사하며 격려하곤 했지만 돌아오면서 늘 말이 없었다. 나 혼자 다녀와도 되는데 한 번도 거르지 않고 동행했다.

다른 사람들이 음식을 해 준다는 것도 결코 용이한 일이 아니다. 그러나 아내가 먹고 싶은 음식이 있다며 해 달라는 부탁고 부탁했다. 그러나 나는 바쁘다는 핑계로 끝내 해 주지 못했다. 아내를 돌보기 위해 왔지만 생각처럼 잘되지 않았다. 하지만 무엇이 더 중요한 일인지 몰랐고 그것이 몸과 마음이 나약해진 아내에게 얼마나 치명적인 상처고 서운한 일이었는 지 잘 몰랐다.

아픔도 아픔이지만 홀로 독방에 갇힌 시간이 얼마나 힘들었을까?

남편이라는 구제 받을 수 없는 죄인은 계속 그 실수와 원망의 낱알만 더해 갈 뿐이다. 생각해 보면 난 아직도 사랑할 줄 모르는 철부지다. 마음은 있지만 표현력이 없어 늘 핀잔받는 성격이다. 그리고 부부라고 해도 늘 자기 편에서만 생각하고 행동하게 된다. 그것이 누적되다 보면 원망스러운 결과를 낳게 된다. 그런데 나는 여전히 모르고 살기로 작정한 인간처럼 살아가고 있다.

아플 때 진정한 친구를 알 수 있다는 말처럼, 부부도 죽음이 두 사람을 갈라놓기 직전까지 영원한 친구다. 그런데 아내가 몸보다는 오히려 마음이 더 아픈 상황을 인지하지 못하고 고삐 풀린 망아지처럼 다닌 것이다. 무엇이 그리 신나고 바빴는지 … 아파야 사랑이라는 말이 있지만 아내의 마음을 온전히 헤아려 주지 못하는 남편에게 마냥 섭섭함보다는 안타깝게 생각하는 모성애가 한 움큼 더 생긴 시간인 듯하다.

아빠라는 이상형
2013년 5월 6일, 월

몽골에 도착한 이후로 많은 사람이 나를 유심히 살펴보고 있다는 말을 들었다. 이유가 무엇이냐고 묻는 말에 김 목사의 마음이나 행동이 진심에서 나오는 것일지 하는 점이라고 했다.

선임 선교사도 몇 차례 내게 이런 뼈 있는 농담(?)을 한 적이 있다.

"20년 된 나보다 김 목사님을 교인들이 더 따르고 있는데 비결이 무엇이냐?"

여자 청년들의 입에서 자주 나오는 말 중 이런 푸념 가득한 말이 있다.

"몽골에는 남자가 없다. 아빠도 없고, 신랑감도 없어서 혼자 살 수밖에 없다."

특별히 교회 다니는 아가씨들은 더욱 그러한 심정이다. 몽골에는 남성의 비율이 여성보다 절대적으로 부족한 7:3 정도의 인구 통계 비율을 볼 수 있다. 여자의 수가 압도적으로 많은 것이다. 그 가운데 술 중독에 빠진 남성들이 절대다수다. 그리고 울란바토르에 걸인이 삼만 오천 명이나 된다고 추정한다. 여자 청년들의 푸념에는 길고 아픈 역사의 한이 담겨 있다.

상담을 통해서 보면, 남자들은 사랑이 시작되기 전에 여자를 만나면서 쉽게 잠자리를 갖고 어디론가 떠나 버린다. 그러면 그 아이를 키우는 일은 아직 꿈이 많은 미혼모의 몫이 된다. 이것을 운명적으로 받아들인다. 아이들은 아빠의 얼굴을 본 적이 없이 자라는 경우가 대다수고, 있다 해도 늘 술 먹고 가정에서 싸움을 일으키고 집안을 혼란스럽게 하다가 어느 날 집안에서 그림자조차 사라지는 경험을 몇 번씩 하는 경우가 많다.

좁은 게르 가정에서 술독에 빠져 사는 아빠라는 사람이 어린 딸들에게 몹쓸 짓을 많이 하기도 해서 성장 과정에서 상처가 확대되어 가고 있는 문화를 지니고 있다. 이렇다 보니 아이들의 마음에 있어야 할 아빠라는 자리가 늘 텅 빈 상태로 자라간다. 아빠라는 존재가 무엇인지 모르며 산다는 것은 인생에서 가장 불행한 일이 아닐 수 없다.

한 번은 한국어를 능숙히 표현하는 서른 살 가까운 여자 청년이 내게 아빠라고 하면서 무례하게 굴어 참다가 가르치려는 심정으로 말해 주었다. 한참 듣고 있더니 그 여자 청년은 심통이 가득한 채 이렇게 말했다.

"나는 아빠 없이 자라서 아빠에게 어떻게 하는 것이 맞는지 몰라요."

이 말은 그동안 쌓여 있던 한이 터져 나와 거의 통곡하는 것처럼 들렸다.

나는 이 말을 듣고 진심으로 미안한 마음이 들었다. 그러나 이 청년의 고백은 몇 명에게 국한되어 있는 것이 아니라는 것을 후에 알게 되었다.

아내가 몽골에 들어와 함께 지내는 동안에도 많은 청년이 아내에게 우리 아빠라고 말하곤 했다. 청년들만 아니라 나이 든 여성들도 김 목사님을 보면 아빠라는 이미지가 무엇인지 알 수 있다는 말을 자주 한다. 심지어는 걸인들까지도 그런 표현을 했다. 그리고 그런 말을 들은 아내는 놀라는 얼굴을 보이기도 했다.

그래서 내게는 많은 몽골 딸이 있다. 그런데 딸들 사이에 은근히 혹은 노골적으로 쟁투가 벌어지기도 한다. 그래서 작은 선물을 주면 일제히 주어야 하고, 생일을 챙겨 주면 똑같은 메뉴로 해야 한다. 시기와 질투가 세포 속에 들어 있는 것처럼 예민하게 반응하기 때문이다. 아버지라는 존재감이 부족한 몽골인들에게는 하나님 아버지에 대한 이해도 약할 수밖에 없다. 무지개를 못 본 아이에게 무지개를 그리라고 한다면 우스운 일이고, 열대 지방에 사는 아이들에게 눈을 설명한다면 어불성설인 것과 같은 일이다.

내게 여러 명의 딸이 있다 보니 다른 청년들도 시기심이 발동해서 아빠라고 불러도 되느냐고 물어 오는 경우도 있다. 그 때문에 더 행동이나 말에 조심스럽고 아빠라는 존재감을 상실해서는 안 된다는 강박관념까지 생겨났다.

청년들과 운동하면 더 열심히 뛰고, 끝나면 입을 즐겁게 해 주고, 많은 것은 아니지만 차비를 찔러 넣어 주며 조심해서 가라고 하는 작은 일이 그들에게 아빠라는 이상형으로 자리 잡았을까?

걸인들에게 수시로 옷을 입혀 주고 먹을 것을 나누어 주는 일들, 교회 안에서 화를 낼 만한 사건이 벌어져도 속과 달리 웃으며 대처하는 모습이 자기들의 생각과 달라서일까?

이곳에 사는 동안 좋은 아버지의 상을 심어 주고 싶은 마음이 간절하다. 두 얼굴을 보여 주며 실망하게 하고 싶지 않다. 하나뿐인 딸에게도 최선을 다하지 못하지만, 먼 미래에까지 기억되는 좋은 성품을 지닌 아빠이기를 바랄 뿐이다.

입으로 달아 드린 카네이션
2013년 5월 8일, 수, 어버이날

오늘은 우리 민족이 지키는 어버이날이다. 강릉에 계시는 장모님께 먼저 인사를 드렸다. 장모님은 언제나 인사를 받으시면 둘째 문장이 이어지기 전에 끊으신다. 그래서 마침표를 두지 않고 인사를 길게 하면 나 혼자 말할 때가 종종 있다.

"어머니, 올해에도 입으로 카네이션을 달아 드립니다. 죄송합니다."

그러면 어머니는 늘 이렇게 대응하신다.

"고맙네. 늘 혼자 있어서 적적하겠어!

건강하게 잘 지내게!

뚝. 뚝. 뚝."

내 인사는 아직도 안 끝났는데 … 국제 전화요금을 아껴 주려는 마음에 늘 그러셔서 당황스러울 때도 있지만 충분히 받아들이고 있다.

미국에 계신 어머님이 얼마 전부터 정신이 약간 혼미해지셨다. 심한 것은 아니지만 둘째 형은 치매의 시작이라고 말했다.

'연세가 드신다고 다 그런 것도 아닌데 왜 어머니는 그렇게 되었을까?'

이런 생각을 하면서 나는 어머니께 전화를 드렸다.

알고 보니 10년 이상 한국인이 없는 지역에서 사시면서 우울증에 걸리신 것이다. 아들이 함께 있어도 말수가 적어 필요한 일상 대화에 그치면 적막강산이나 다름없고, 며느리는 더 심한 편이다. 그러니 그럴 수밖에 없다고 단정 지으며 가슴 아파하고 있다.

내 목소리를 들으신 후 한참 만에 겨우 알아차리셨다. 그러나 카네이션이나 어버이날이라는 단어는 더 이상 어머니의 단어가 아니었다. 내가 하고 싶은 말을 하는 동안 어머니는 마찬가지였다. 대화는 진행되고 있었지만 전혀 알아들을 수 없는 방언이 되고 말았다. 수고하는 형에게 안부를 전하고 통화가 끝났다. 마음에 밀려오는 슬픔에 눈시울은 벌써 뜨거워지고 있었다.

아버지는 벌써 10년 전 하나님의 부름을 받으셨다. 어머니도 더 이상 나의 어머니가 아닌 분으로 변해가고 있었다. 어릴 적 생화보다 내가 정성껏 만든 카네이션을 더 좋아하셨던 어머니, 교회에서 몇백 개 만들다 두 개를 가져와 달아 드리면 입가에 미소가 가득하셨던 어머니가 이제 멀리 계시고, 멀리 떠나가시는 발걸음에 서러움으로 가득한 하루를 보냈다.

사랑한다고 말 한마디 제대로 표현하지 못하고, 맛있는 음식상을 차려 드리지 못하고 25년 이상 떨어져 살아온 내게는 마음이 무거울 수밖에 없다. 시드니에 3개월 계시면서 며느리의 사랑에 푹 빠져 몇 달만 더 있으면 좋겠다고 말씀하셨지만, 비사 문세로 상황이 어려워 그렇게 해드리지 못한 불효가 새롭게 올라오는 날이다. 나도 흰머리가 검은 머리보다 더 많은 나이이지만 어머니에게는 영원히 어린 자식인데 아직도 어머니의 마음을 헤아리지 못하는 철부지이며 불효자일 뿐이다.

목사라고 하면서도 부모 공경의 계명을 준수하지도 못하고 이율배반적인 삶을 살아가고 있다. 이제는 엄마라고 불러도 반응할 수 없는 너무도 멀리 계신 나의 어머니가 오늘따라 그립고 죄송할 따름이다.

자동차 구입
2013년 6월 24일, 월

사람의 생각은 간사해서 수시로 바뀌는가 보다. 처음에는 몽골에 도착해서는 버스나 택시를 이용해도 될 것이라는 자신감이 컸다. 하지만 꼼짝달싹 하지 못하는 버스에서 가방이 털리고, 중국인이라는 따가운 시선을 받다 보니 생각이 바뀌기 시작했다.

그리고 지방 교회를 방문할 때마다 시간을 맞추지 못할 때도 있고, 두세 번 갈아타야 하는 번거로움이 많았다. 그리고 비나 눈이 올 때는 여간 불편한 것이 아니다. 그래서 지난해 시드니의 여러 교회를 방문하면서 자동차 구입을 요청했더니 과분하게 헌금을 받아올 수 있었다.

아는 이로부터 좋은 차가 나왔다고 해서 만나러 갔다. 차 주인은 몽골 국정원에 다니는 직원이었고 넉넉해 보여서 믿음이 갔다. 10년 전에 생산된 자동차였지만 엔진 부분과 외관이 제법 깔끔했다. 시동을 켜서 몇 분 달려 보니 성능이 좋게 느껴져서 의심 없이 구입하게 되었다.

이제부터 몽골의 어느 지역을 간다고 해도 두려움이 없을 것이라는 자신감부터 생겼다. 그러나 한편으로는 미안한 마음이 들었다. 비록 중고차지만 꽤 고가의 차를 구입해 몽골인들에게 부러움이라도 사게 된다면 선교사의 자세에 문제가 되지는 않을지 염려가 있었고, 너무 욕심을 부린 것 같아서 헌금해 주신 분들께 죄송한 마음이 많았다.

한 번도 운전해 보지 않은 사륜구동의 차를 집 앞까지 운전해 오는 것이 쉽지 않았다. 엉금엉금 빗길을 조심스럽게 오는데 뒤에서 요란스럽게 경적을 울려 대고 있었다. 10분 거리를 30분 정도 걸려 온 것 같다. 차에 대한 제반 사항을 익히지 않고 어두운 밤길을 오는 것이 손과 발에 쥐가 날 정도였다.

선교사가 대관절 무엇이기에, 차가 필요하다고 아우성치면 생각보다 풍성하게 채워 주고, 몸이 조금 아프다고 엄살 부리면 눈물을 흘리며 헌금해 주는지, 헌신해 준 분들을 생각하면 선교사라는 신분은 과분한 사랑을 받는 면이 많은 존재인 것 같아 죄송할 뿐이다.

언제 약속했는지 선교사들은 하나 같이 사륜구동을 끌고 다닌다. 그것이 아니면 무능한 선교사처럼 보인다. 그래서 나도 핑계를 대며 큰 차를 구입하게 된 것이다. 특별히 나의 사역은 노숙자 대상이어서 실어 날라야 하는 짐들이 많다는 것도 커다란 구실이 되었다.

이민 교회 성도들의 삶을 고려할 때 이렇게 과분하게 자동차를 구입할 필요가 있는지 반문이 머릿속을 떠나지 않는다. 잠을 못 자며, 온갖 자존심을 내려 놓고 손에 쥔 물질의 일부를 믿음으로 드린 헌금을 강탈하듯 받아온 나는 정말 나쁜 선교사인것 같아 마음이 편치가 않다.

이제 하나님이 허락하신 자동차로 온 지역을 다니며 복음 활동에 전념해야만 한다. 그렇게 하는 것이 성도들의 목적을 이루는 일이기 때문이다. 미안해하는 마음을 버리지 않고 끝까지 사명을 감당하는 성실한 발걸음이 되어야 하리라. 밤새 헤아릴 수 없는 부담감이 머리를 맴돌아 잠을 설칠 정도였다.

한국 어느 교회로부터 받은 이메일

2013년 6월 28일, 금

지난 시드니 방문 때 코스타 세미나 장소에서 만난 강사와 8월에 있는 몽골 청년 한국 방문 프로그램에 관해 이야기를 나누었다. 그때 작은 도움이라도 힘이 되면 좋겠다는 말에 용기를 내어 이메일을 보냈다. 그랬더니 곧 답글이 이렇게 들어왔다.

목사님 귀한 일을 앞두고 계시네요. 기억하고 동참할 기회를 주셔서 감사합니다. 목사님 후원 요청서 잘 읽어 보았습니다. 우리 교회에서 재정을 후원하고 싶은 마음은 정말 크지만, 아버님이 사역하시는 교회가 20명 남짓한 작은 교회이다 보니 교회 재정으로는 후원이 불가능할 것 같습니다. 하지만 저희 식구들이 조금씩 모아서 적은 금액이나마 후원이 가능할 것 같습니다. 이른 시일 내에 은행 계좌로 송금하겠습니다.

눈시울이 붉어지며 계속 읽었다. 작은 교회를 경험하지 않은 목회자는 이해할 수 없는 대목이다. 이런 메일을 통해 주님의 사람으로 만들어 가는가 보다. 그리고 나는 마음에 받은 감동이 사라지기 전에 곧바로 답장을 다음과 같이 보냈다.

받자마자 답글을 보내고 싶어 몇 자 적어요. 후원의 목적보다는 사역을 알리고 동참을 생각한 일이었지요. 후원 요청을 몇 교회도 못 하고 있는데, 은혜 자매로부터 메일을 받으니 지난 시간 동안 시드니 이민 목회의 시간이 스쳐가는 군요. 선교사의 삶 가운데 감동스러울 때, 눈물이 북받치는 때도 있고, 신비롭고 놀라운 때가 있는데 오늘도 그중 하나입니다. 안 하셔도 되지만 작더라도 가장 큰 것으로 여기며 소중하게 간직하겠습니다. 이미 받았고, 물질이 아니라 하늘의 위로와 기쁨으로 받아서 감사합니다. 이런 기쁨 때문에 계속할 수 있는가 봅니다. 주 안에서 자매의 가정을 축복합니다. 기도하겠습니다.

내 작은 심장이 아주 느리게 뛰고 있었다. 받은 감동이 사라지지 않기를 바라는 마음이었다. 이 자매의 가족이 각자의 용돈을 모아 보낸다면 이보다 더 큰 선물이 없으리라. 무언가를 누구에게 나눈다는 것보다 고결한 일은 없으리라 본다. 자기 살을 찢어 나누면서까지 사랑을 보여 주신 주님의 그 사랑을 아무런 생각 없이 깨닫게 하는 이 글은 내 삶의 마지막 순간까지 지워지지 않으리라. 내게 누군가 어떤 부탁을 했을 때 이 자매의 심정을 배워 그대로 나타내 보리라.

과부의 두 렙돈이 다른 누구보다 많은 헌금이라는 성경 구절을 연상하면서 뭉클한 마음이 식을 줄 몰랐다. 선교사의 삶은 작고 소박한 사랑으로 점철되어 가는가 보다.

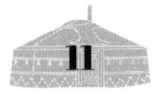

좋은 차를 소유한 징벌

2013년 7월 7일, 주일

　예배 후 세차를 하고 교회 뒷마당에 차를 잠시 세워 두었다. 세차가 끝난 지 십여 분밖에 지나지 않아서 집으로 오려고 차 문을 열려는 순간 눈을 의심하게 하는 사건이 벌어졌다. 세 명의 아이가 왔다 갔다 하더니 내 차에 그림 대회를 한 것이다. 날카로운 돌로 무언가 글을 쓰고 그림까지 그렸다. 가슴이 긁힌 느낌이 들었고 화가 나고 어찌 감당해야 할지 안타까워하고 있었다.

　세차를 도와준 수위 아저씨가 왔을 때 그 광경을 보여 주자 당장 세 명의 아이를 불러와 호통을 쳤다. 내가 미안하리만큼 야단을 쳐서 말려야 했다. 처음에는 자기들이 안 그랬다고 오히려 큰소리를 쳤지만, 부모를 부른다고 하자 미안하다고 내게 고개를 숙였다.

　내가 잠시 목회하는 교회의 어린 학생들이지만 어떻게 아무 일이 없는 듯이 넘길 수 있겠는가?

　인간은 너나 할 것 없이 참으로 악하다고 생각했다. 남이 좋은 차를 가지고 있는 것이 시기가 나고 죄로 가득한 심성이 발동되는 것이 우리의 속성이다. 그래서 사촌이 땅을 사면 배가 아프다는 속담이 있는 것처럼 다른 사람이 좋은 옷을 사거나 기쁜 일이 생기면 축하해 주기보다는 질투심이 속에서부터 끓어오르는 것이 우리 마음의 기본 바탕이 아닐 수 없다.

어떤 선교사는 교인의 가정을 심방하고 있는 동안 세워 놓은 차의 바퀴를 다 빼어 갔다는 말도 들었다. 백미러 역시 자주 없어지는 품목이기도 하다. 얼마 전에는 내가 살고 있는 출입문에 부착된 번호판과 발판 매트를 떼어 갔다. 그리고 보니 붙어 있는 집이 하나도 없었다. 누군가 그것을 떼어 간 것이다. 그래서 매직 펜으로 번호를 써 놓았다.

가난해서 끼니를 위해 타이어를 빼 가고, 출입문에 붙여 둔 번호판을 떼어 간다면 어느 정도 이해할 수 있다. 하지만 습성으로 남의 것을 강탈해 가는 일들이 부지기수인 것을 보면서 가슴이 다시 한번 쓰려 온다. 이러한 악습이 언제 사라질 수 있을 것인지 화가 나다가 불쌍하기도 하고 안타까운 마음도 들어 억지 용서를 하고 말았다.

초원의 노래

2013년 7월 15일, 월

시내에서 두 시간만 나가면 몽골 초원의 진수를 맛볼 수 있다. 초원은 언제나 조용하고 평온하다. 도시는 겨우내 연기로 장악되어 있고, 다른 계절에는 황톳빛 흙먼지로 지배를 당하고 있다. 하지만 초원은 폭설이 지나거나 사막에서 불어오는 모래바람이 스쳐 가고 나면 하늘과 연결된 또 다른 세상을 맛볼 수 있다. 이름 모를 형형색색의 야생화가 가득한 꽃밭이 된다.

한참을 달려야 하나씩 볼 수 있는 유목민들의 외로운 게르, 몇십 혹은 수백 마리에 이르는 소와 양 떼들이 한가로이 질긴 풀을 뜯고 있는 초원이다. 갓 태어난 어린 양은 산자락에서 불어오는 미풍에 파르르 떨며 마치 꿈을 꾸듯 저편에 있는 어미를 응시하고 있다. 짙은 코발트 빛 하늘, 투명한 황금색 햇살이 초원을 품고 있는 오후다. 손을 길게 뻗으면 닿을 듯한 하얀 구름이 뒷걸음질 치며 미끄러져 간다.

지난 수 천 년 동안 목동들은 이러한 풍경을 요람 삼아 태어났고, 해가 떨어지면 입을 꼭 다문 채 잠들어 가고 있다. 이것은 누구도 뿌리칠 수 없는 하나님의 섭리다 … 동트기 전부터 동동거렸던 발걸음을 잠시 쉬려는 듯이 우유 통을 의자 삼아 앉아 있는 목동 … 어디론가 사라져 버린 남편을 기다리는 것처럼 지평선을 따라 초롱초롱한 눈망울이 반짝인다.

길게 땋아 내린 머리, 허리엔 푸른 천으로 힘을 비축하듯 감고 있다. 목에는 스카프 대신 양털 가죽을 목에 감고 앉아 있다. 구릿빛보다 더 진한 얼굴에는 빛바랜 목각처럼 아무런 표정이 없다. 줄기마다 갈라진 거친 손으로 미지근한 우유 차를 따라 건넨다. 나는 병아리처럼 한 모금 입술을 적신다. 짭조름한 맛이 가시지 않는다. 적막한 게르 안에 바람을 타고 들어온 야생화의 진한 향기가 심장까지 흘러 들어온다. 숨통이 트이는 느낌이다.

낡은 타이어 속에 돌을 넣어 게르가 날아가지 않도록 네 개나 묶어 두었다. 이보다 더 무거운 삶의 무게를 짊어지고 있는 목동의 얼굴에는 애달픈 삶의 흔적이 그려져 있다.

이제 곧 눈보라가 불어닥쳐 올 텐데 그때는 어디로 갈 것인가?

푸르른 초원에는 배부름이 있어 행복하지만, 풀 뿌리까지 갈색으로 변하는 긴 겨울에 파묻힐 때가 곧 올 텐데 …

짧은 시간이지만 사람 냄새가 그리운 목동과 포옹하며 아쉬운 작별을 했다. 옷깃에 절어 있는 부패한 우유 내음, 피부 속 깊이 배 있는 짐승들의 원초적인 오물 냄새가 코를 자극했지만, 기약 없는 목동을 위해 애써 웃으며 힘껏 손을 흔들어 주었다. 그늘 하나 없는 초원은 또 다른 희망의 땅으로 우리를 이끌어 갔다.

한번 제자는 영원한 제자(?)

2013년 8월 6일, 화

오늘은 몽골 청년 9명과 한국 교회 탐방을 위해 준비한 찬양 리허설이 있는 날이다. 그동안 두 달 정도 여러 차례 모여서 20여 곡 되는 찬양과 율동을 준비했다. 많은 점에서 미흡하지만, 최선을 다한 청년들에게 고마운 마음이 많다.

선임 선교사가 미국에서 몽골에 단기 선교팀을 인도하기 위해 몽골에 들어왔다. 우리 집에서 이야기를 나누다가 잠시 후 그 선교사는 연습장에 청년들을 만나러 간다고 해서 나갔다. 시간 반 정도 후에 청년들이 모인 교회로 내가 들어갔을 때 모두가 침통한 표정으로 굳게 입을 다물고 있었다. 조금 전만 해도 내일 한국에 간다고 벅찬 마음을 이야기했는데, 무슨 일인가 물었더니 선임 선교사로부터 혼났다고 하면서 몇 명이 속상하다고 눈물을 흘렸다.

문제는 늘 지도자에게 있기 마련이다. 내가 사전에 선임 선교사에게 한국 방문 계획에 따른 청년들 선발을 의논했어야 한 것이다. 그의 논리로는 그런 셈이다. 전부는 아니지만 몇 명은 선임 선교사의 지도를 받았던 제자들이었기 때문이다. 현지에 없는 선교사이기에 무리가 없을 것으로 판단한 것이 큰 실수가 된 셈이고, 다시 한번 그의 감정을 상하게 한 것이다.

나는 내 입장에서만 일하고 있어서 다른 사람의 눈살을 찌푸리게 하는가 보다. 큰 무리가 안 된다면 청년들의 시각을 넓혀 주고 더 큰 미래를 바라보도록 인도해야 한다고 생각한다. 한두 명의 청년도 아닌 많은 인원을 데리고 방문한다는 것이 적지 않은 비용이 들고 또한 많은 수고와 헌신이 따라야 한다.

그야말로 값비싼 프로그램이다. 많은 성도의 귀한 헌금으로 이번 행사를 치르게 되어 감사한 마음이 많았고 그래서 기뻤다. 그런데 떠나기 하루 전에 센 호통을 맞게 되어 청년들에게 미안한 마음이 많았다. 나는 분위기를 전환하기 위해 청년들을 다 데리고 가까운 한국 식당에 가서 늦은 점심을 먹으며 위로했다. 몇 명은 내가 왜 미안해하고 자기들에게 사과까지 해야 하는지 이해하지 못하고 있었다.

사람이 어떤 좋은 일을 계획하고 추진할지라도 거기에는 또 다른 시각이 있을 수 있다. 내가 옳다고 주장할지라도 내 편에서의 옳은 일이고 정직일 수 있다. 하지만 하나님의 선한 일이고 청년들에게 비전을 심어 주는 일 앞에서 공동의 선이 되었으면 더 좋겠다는 생각이다. 현지에는 선임 선교사가 비록 없었지만 마치 내가 지난 시간 동안 애써 길러 온 제자들을 가로채는 몰염치한 선교사가 된 것 같아서 오히려 미안한 마음이 들었다. 이러한 일들을 통해 선교지의 일을 배우게 되는 기회가 되었다.

그러나 선교지에 있는 현지 사역자들이나 교인들은 담당 선교사가 소유한 물건이 아니다. 물건 취급받는 현지인들은 그러한 태도에 염증을 느끼고 있다. 몽골인들도 그런 점에 대해 대체로 이해하지 못하는 편이다. 더 이상 선교적 관계가 아님에도 기회만 되면 마음대로 조정하려는 경향이 있다. 누가 그렇게 가르쳐 주었는지 궁금하기만 하다.

합력하여 선을 이루며 덕을 세우는 일이면 얼마나 기뻐해야 할까? 하나님도 그것을 원하고 계시지 않을까?

앞으로는 다른 선교사가 가르친 제자의 그림자도 밟지 않아야 한다는 다짐이 세워지는 여름날의 뜨거운 오후였다.

몽골 찬양단 한국을 향하다

2013년 8월 7일, 수

    오후에 간단한 출정식을 마치고 공항으로 향했다. 청년들의 가족들이 미리 나와 기다리고 있었다. 대부분 한국을 가 본 적이 없는 친구들이어서 가족들마저 설레는 마음이 큰 듯했다.

    그런데 예기치 않은 불상사가 생겼다. 항공권 발급하는 직원들의 실수로 몇 명은 출국 날짜가 잘못 기재되어 있었다. 그래서 공항 직원이 한밤중이었지만 대리점 직원에게 호통을 치며 문제를 해결할 수 있었다. 그리고 또 하나의 문제가 있었다. 우리 팀 9명 중 14세 미만 학생이 있어서 부모의 동의서가 없으면 출국할 수 없다는 것이다. 우리 팀으로 인해 이륙 시간이 한 시간 이상 연기될 정도로 사태가 혼란스러웠다. 별도리가 없어 나는 중학생과 내일 떠나기로 하고 남은 가방을 들고나왔다.

    그런데 또 일이 벌어졌다. 단체로 짐을 부쳤기 때문에 내 가방은 이미 다른 학생이 가져갔고, 나는 다른 학생의 가방을 가지고 나와야 하는데 공항 보안실에 들어가 받아와야 했다. 대한항공 한국 직원이 가방을 내주었고 몽골의 공항 보안실 직원도 무난하게 승낙해서 대합실을 빠져나왔다.

    그러나 공항 보안 팀장은 차를 타고 집으로 돌아오는 나를 다시 전화로 불러들였다. 팀장은 직원들에게 욕을 하면서 왜 허락했냐는 것이다. 함께 있던 몽골 목사가 상황을 설명하려 하니까 듣기 싫다고 나가 있으라고 우리를 죄인 취급하면서 작은 방에 가두었다. 나이가 나보다 훨씬 젊은 사람이 내게 욕을 하면서 호통을 쳤다. 그래서 몽골 목사가 이분은 한국 목사이고 나이도 많다고 변호를 한 것이 더 화를 불러일으켰다.

그리고 가방 안에 무엇이 있는지 말하라고 했다. 남의 가방에 무엇이 있는지 알 수 없었지만 대략 말한 것이 다행히 일치하는 바람에 한 시간 이상 실랑이를 벌이다가 나왔다. 그리고 벌금을 왜 부과하는지 모르지만 내지 않을수 없었다. 없는 분노가 밑바닥부터 치밀어 올랐지만, 방법이 없었다. 큰 벼슬을 가진 자 앞에 꼼짝 못 하는 나 자신이 미웠다. 다시 공항에서 나와 가고 있는데 다시 연락이 왔다. 팀 중에 한 명이 야특(거문고 같은 악기)이라는 악기를 다시 가져가라고 했다. 제대로 포장이 안 되었다는 것이다.

공항 직원이 쓸데없이 죄인 취급하는 무례함과 항공권 발급하는 대리점의 부실한 업무 처리, 대한항공과 공항 보안 팀의 힘겨루기 등이 마음을 무척 상하게 했다. 그리고 왜 국가를 대표하는 공항 직원들이 상스러운 말로 예의 없이 굴어야 하는지 도무지 이해가 안 되었다. 집에 들어오니 새벽 2시가 훌쩍 넘어가고 있었다. 내일 중학생의 서류를 생각하니 잠을 이룰 수 없었다.

21세기를 살고 있는 우리 주변에 아직도 시간을 거스르는 문화는 도처에 있으리라 본다. 그러나 인간이 기본적으로 갖추어야 할 예의와 기본 윤리가 있다. 더욱이 국가적인 차원에서는 더욱 절실한 부분이다. 언제 웃으며 여행객을 안내하고 친절을 베풀어 좋은 인상을 심어 줄지 인내하며 기다려 봐야겠다. 이마저 사명에 포함된 것이리라.

몽골 청년들이 한국 방문 일정을 마치다

2013년 8월 19일, 월

한 프로그램으로 인해 많은 이야기가 쏟아져 나오게 되었다. 지난해 인천 고향 교회가 몽골을 처음으로 방문한 후 구상한 프로그램이다. 한 명은 불행히도 비자를 못 받아 함께 가지 못해 서운한 마음이 많았다. 그리고 준비 과정과 공항에서 웃지 못할 해프닝이 있었지만, 하나님의 인도하심과 한국 교회 성도들의 뜨거운 사랑의 배려를 통해 많은 것을 느끼게 되었다. 청년들은 이제까지 받아 보지 못한 사랑을 짧은 시간 동안 충분히 받았다고 눈물로 간증하는 모습을 볼 수 있었다.

고향 교회가 주축으로 시작한 일이어서 청년과 학생 수련회에 우리 팀도 동참해 많은 교제를 나눌 수 있었다. 숙소는 교인들 가정에 민박하게 하여 한국인의 가정 문화를 체험하게 했다. 그중 한 명은 거실에 걸려 있는 가족사진을 물끄러미 여러 번 보았다고 한다. 아마 부러웠을 것이다. 그 청년은 아버지가 안 계시기에 병으로 고생하는 어머니와 힘겹게 공부하고 있어서 더욱 그랬을 것이다. 그렇게 바라보는 모습을 보면서 마음이 아팠다는 말을 내게 전해주었다.

가정마다 많은 선물을 사 주기도 하고 좋은 식당에 데리고 나가 맛있는 음식으로 대접하기도 했다. 청년들에게 가장 인상적인 것이 무엇이냐고 했더니 공항에서 가평까지 가는 도로가 너무 조용해서 계속 차창 밖을 내다보며 버스가 가고 있는지 확인했다고 말했다.

또한, 서해 세 개의 섬으로 가서 넓은 바다를 구경한 하루, 롯데월드에서 하루를 지낸 시간, 남산 서울타워에서 시내를 바라보았던 시간, 가평 강물에서 물놀이한 것들은 몽골에서 상상할 수 없는 일들이었다고 했다. 그뿐만 아니라 저렴한 옷과 액세서리 등을 마음껏 구매하며 좋아했다.

무덥고 끈적한 한국 여름에 대해서는 힘들어했다. 몽골에서 영상 37도는 상상을 초월한 온도이기 때문이다. 물론 언어 문제로 한국 청년들과 제대로 소통은 안 되었지만, 그래도 모두 만나는 시간부터 친구가 되었고, 서로 받아들이고 이해하는 귀한 마음으로 젊은이들은 하나가 되어 있었다.

서울의 S 교회에서도 많은 배려와 사랑을 베풀어 주어 감사한 마음이 크다. 하나님의 은혜가 아니면, 선교적 비전이 없다면 이룰 수 없는, 복 받은 한국의 여러 교회에 깊은 감사를 드릴 뿐이다. 더 이상의 최선이 없는 것처럼 베풀어 주신 사랑의 마음 그리고 청년들이 고생하며 모두 하나 되어 기도하며 눈물로 준비한 것 때문에 상상하지 못하게 넘치는 결실을 가졌다고 확신한다.

앞으로 이 청년들이 받은 사랑과 은혜 그리고 감동은 식겠지만 또 다른 비전의 씨앗이 자라게 되리라고 본다. 하나님은 우리의 작은 날갯짓을 기억하시고 수고하고 베푼 사랑과 기도의 신음까지 듣고 계시기 때문이다. 이 청년들의 의식이 바뀌고, 미래를 꿈꾸는 하나님의 사람들이 되어 몽골만 아니라 세상에 영향력을 심어 주는 큰 나무들이 되기를 간절히 소원해 본다.

우리의 발걸음을 인도해 주셔서 기쁨 가득 안고 돌아오게 하신 하나님께 깊은 감사 드리며 ….

추석날 뭇매를 맞은 한국 청년들

2013년 9월 20일, 금

잡초처럼 자란 머리를 자르려고 미용실에 들렀다. 미용사는 한국 청년의 얼굴에 따뜻한 물수건을 올려놓고 조심스럽게 마사지하고 있었다. 앉아 기다리면서 대화 내용을 들어 보니 어제 추석날이어서 친구들과 식당에서 식사를 마치고 나오자마자 문 앞에 있던 몽골 남자들로부터 집단 구타를 당했다고 했다.

한국 청년들은 세 명이었고 몽골인들도 같은 숫자였다고 한다. 한국인들은 웬만하면 태권도를 잘 하지만, 몸집이 월등하게 크고 힘이 센 몽골인들을 당할 재주가 없다. 또 외국인이 한 대만 때려도 상상할 수 없는 죗값을 치러야 하기에 몸을 사리고 사는 형편이다.

청년의 얼굴은 온통 피멍이 들어 있어서 보기에도 끔찍스러웠다. 식당 주인이 경찰에 신고하고 한국 대사관에 연락을 했지만, 아무런 대응책이 없었다는 것에 분통을 터뜨렸다. 한국에서 파견 나온 경찰도 있지만 속수무책인 것 같이 보였다.

몽골에는 민족주의자들이 많이 있는데 지나가다가 외국인들에게 예고 없이 주먹질해서 상처를 입힌다는 말을 여러 번 들었다. 한 번은 단기 선교를 잘 마치고 공항에서 비행기를 기다리고 있는데 느닷없이 와서 얼굴을 가격하는 바람에 안경이 바닥에 떨어져 산산조각이 나고 눈 주변이 퉁

퉁 부을 정도로 상처를 받았다는 말을 들었다.

자국민에게 유리하게 판정하는 몽골 법(?) 때문인 것이다. 교통 사고가 나도 언제나 외국인에게 불리하다.

설마 늘 그렇겠는가?

한국이 몽골에 좋은 영향을 끼치는 일들이 많이 있음을 알고 있다. 대한 항공에서는 매년 몽골 사막화를 방지하기 위해 수백만 그루의 묘목을 심고 있다. 그 깊은 내막은 잘 모르지만 엄청난 투자와 수고를 하는 것은 틀림없는 사실이다. 그리고 한국에 있는 지역 구청과 자매결연을 하고 도로를 개발해 주고 관리까지 해 주는 사업을 많이 하고 있다. 수원 시청에서는 오래전부터 매년 나무 심기를 하기 위해 몽골에 방문하고 있다. 그뿐만 아니라 한국에 있는 많은 대학교에서는 몽골 유학생들에게 장학금과 생활비를 주면서 공부할 수 있도록 돕고 있고, 노동자들에게는 세금도 없다는 말까지 들었다.

국가적으로는 어떠한 일을 하고 있는지 구체적으로 잘 모르지만, 종합적으로 볼 때 한국이 몽골에 끼치는 영향은 적지 않건만 우리가 받는 혜택은 무엇이 있는지 알 수 없다. 받으려고 하는 것은 아니지만 일방적으로 불이익을 받는 것은 그다지 유쾌한 일이 아니다. 일본과의 관계나 북한 그리고 몽골에 이르기까지 민족적 자존심이 약해서 늘 당하기만 하는 우리 민족을 볼 때 불쌍하고 안타까운 마음만 든다.

역사적으로 약 일천 번 정도 외세의 침략을 받았지만, 선제공격한 적이 없다는 것을 자랑삼아 말하기도 한다. 갈수록 변화하는 국제 정세를 직시하면서 민족적 자존심을 세워 나갔으면 하는 바람이 간절하다. 호주에 오랫동안 살면서 공관원의 횡포에 안타깝게 느꼈던 일들을 몽골에서 또다시 눈으로 보며 느끼게 되면서 이제는 안타까움에서 더 나아가 분노가 일어나기도 한다. 우리의 후손들에게 무엇을 민족적인 유산으로 남겨 줄 것인가 생각해 볼 때 부끄럽기 한이 없다.

L 선교사 가정이 철수하다

2013년 10월 11일, 금

    선교사가 현장에서 사역을 감당하다가 본인의 의지로 떠난다면 그다지 가슴 아픈 일이 아닐 것이다. 그러나 다른 사람과의 관계에서, 더욱이 같은 한국인 때문에 일어난 일이니 …. 한술 더 떠서 말하면 같은 교회 공동체 사역으로 와서, 내부 선교사와의 갈등으로 파송 교회의 귀환 명령에 의해 선교지를 등지고 나가야 한다면 본인들은 물론 보는 이들에게도 가슴 아픈 일이다.

    한 달 전, 한인 선교사 기도회 모임이 L 선교사 가정에서 있었다. 맛있는 식사를 나누고 기도회를 마치고 많은 교제를 나누었다. 그리고 파송 교회에서 지은 교회당도 들어가 보았다. 몽골에서 가장 아름답게 지은 교회 건물로 보여 부러움을 느꼈다. 그러면서 몽골 분위기로나 지역적인 상황으로 볼 때 다소 걸맞지 않을 정도로 고가의 인테리어로 교회가 세워져 있음을 목격하게 되었다.

    그리고 한 주 후 우리 집에서 기도 모임이 있었다. L 목사는 신학교 채플을 인도하러 인사만 하고 나갔고, 우리는 간단히 식사 교제를 나누었다. L 목사 사모의 얼굴에 수심이 가득해 그 영문을 물었다. 그랬더니 긴 한숨을 땅이 꺼질 듯하고는 이야기를 시작했다. 무려 3시간 동안 지난 3년 몽골에서 있었던 사건들을 토해냈다. 가슴이 떨려서 말할 수 없을 정도로 그야말로 피 맺힌 사연들이 많았다.

　내용을 구체적으로 표현할 수 없지만 대략 공동체 선교팀 안에서의 오해가 불거져 엄청난 일이 된 것이다. 오해라는 일도 작은 사건이고, 다른 사람의 경우에는 얼마든지 묵과할 수 있는 일인데 사건을 키우고 그것으로 한 사람을 말살시키기 위해 철저히 계산된 가슴 아픈 일이었다.

　나는 낮에 들은 이야기 때문에 밤새 잠을 한숨도 이루지 못했다. 나로서는 이해불가한 일이었기 때문이었다.

　어떻게 한 교회에서 그토록 아귀다툼하며 하나님을 믿는다고 하는가?

　용서가 기독교 신앙의 가장 큰 덕목인데 사리사욕에 이성을 잃고 한 가족을 매몰해야 하는지 … (나를 포함한) 인간의 사악함이 내 신경을 사정없이 두드리고 있었다.

　그리고 두 주 후에 그 사모님이 내게 전화를 해서 갑자기 철수해야 한다고 하면서 잠시 집으로 오라고 해서 공항 근처에 있는 선교사 숙소로 달려갔다. 내게 책 몇 권과 커피 기계와 일상용품 몇 개를 주었다. 충분히 시간을 갖고 해결해야 할 문제인데 일방적인 한 편의 말만 듣고 파송 교회 당회는 선교사를 호출하기로 한 것이다. 결국, L 목사의 가정만 희생양으로 삼는 결과를 만들었다.

　한국을 대표하는 대형 교회이지만 선교적 전략이나 방법을 전혀 모르는 듯 느껴졌다. 풋내기 선교사인 내 견해로는 통곡할 것 같은 심정이었다. 그러니 다른 작은 교회들은 말할 나위가 없는 실정이다. 파송 교회 담임목사의 불합리적인 판단과 당회원들 간에 존재하는 파벌이 한 목사의 선교 사역과 목회 인생을 구렁텅이로 몰아 버린 것이다. 이렇게 하는 것이 교회의 문제를 마무리하는 가장 최선의 방책인 줄 알았나 보다. 내가 볼 때 불합리하고 불신앙적인 처사에 불과하다.

　L 목사 부부가 한국으로 떠난 오늘 나는 한국 교회와 세계에 흩어진 이민 교회의 실상 앞에 절망 어린 탄식을 하게 되었다. 물질적 공략 앞에 진

리가 감추어지고, 힘없는 선교사나 부 교역자들이 눈물을 흘리게 하는 이 땅의 교회들과 물질과 정치력에 소경이 된 현실이 밉기만 했다. 한국으로 떠나는 L 목사 부부는 가방 몇 개만 챙겨서 딸 집에 가서 살아야 한다는 것이다. 갖은 수단과 방법을 가리지 않고 자기 욕망을 채우는 것은 분명히 세상적인 방법이다. 그러나 목사나 사역자가 돈에 눈이 멀어 다른 사람의 가슴에 비수를 꽂는다면 훗날 어떤 심판을 받을 것인지 생각해 볼 필요가 있다.

물론 나는 그런 쪽에 재주는 없지만 욕망은 다를 바 없다. 내게도 기회가 주어지고 약간의 재주를 부릴 수 있다면 우리 가족이 지금보다 좀 더 편안하게 지낼 수 있을 것이다. 때론 언변이 없어 아쉬운 소리를 해야 하는 일에도 하지 못하고, 그럴 용기조차 없어 나 자신만이 의인인 척하며 살아가고 있다.

얼마나 가증스러운 이중인격자인가?

그야말로 선한 척하는 악한 목사일 뿐, 모순덩어리다.

선교지에 있으면서 시간이 흐를수록 많은 놀라운 일을 경험하고 있다. 내가 존경하고 배울 만한 선교사들의 실체가 하나둘 드러나면서 쉴 새 없이 놀라고 있다. 왜 나는 그렇게 무능한가 라는 자괴감이 든다.

하지만 아직은 당당할 수 있다. 그리고 끝까지 그렇게 당당함이 사라지지 않기를 바랄 뿐이다. 온갖 자존심에 상처받으며, 눈물과 땀을 흘리며 얻은 수익의 일부를 믿음으로 드리는 성도들의 피와 같은 헌금을 목사의 신분으로 또는 선교사로서 재산 증식의 수단으로 삼는다면 하나님의 심정은 어떠실지 하는 마음이 떠나지 않는다.

오늘도 목사가 되고 선교사로 이 땅에 살아가는 것이 부끄럽고 교인들 앞과 하나님 앞에 부끄럽고 죄송한 마음뿐이다.

도난당한 자의 이중 고통

2013년 10월 25일, 금

며칠 전, 내 통역을 맡은 자매가 시내에 나갔다 오다가 버스 안에서 지갑을 도난당했다. 핸드백을 칼로 긋고 지갑을 빼어 갔다. 지갑에는 차비 정도의 적은 돈과 몇 가지 증명 카드가 들어 있었다고 한다. 그런데 며칠이 지나 집 앞에 메모를 부쳐 놓았다.

"당신의 지갑을 길에서 주웠는데 찾기를 원하면 어느 장소로 나오라."

이러한 글귀가 쓰여 있었다는 것이다. 그래서 남편과 함께 나갔더니 지갑에는 적은 돈마저 없어졌고, 증명 카드만 들어 있음을 확인했다. 주민등록증에 있는 주소를 보고 찾아온 것이다. 몇 가지 증명서를 재발급하려면 얼마의 비용이 드는 것은 당연한 일이다. 그러니 그것보다 좀 더 돈을 주고 가져가라는 흥정이 벌어진 것이다. 그러한 요구를 들어주지 않게 되면 어떠한 불상사를 겪을지 모르기에 억울해도 주어야 한다. 경찰에 신고하면 더 심각해질 수 있다는 말이다.

외국인이 거주증을 분실해서 재발급받으려면 현지인들보다 몇 배 더 비용이 들기 때문에 각별히 조심해야 한다. 이러한 사회적 분위기에서 살아가는 사람들의 이야기는 너무 슬픈 일이 아닐 수 없다. 없는 형편에 이십여만 원을 강탈당하고 나면 마음은 물론 생활에 큰 타격을 받기 마련이다.

또한, 집을 알고 얼굴을 알았기에 또 다른 후속적인 사건에 대해 불안한 마음을 감출 수 없다. 대문에 잠금장치가 없어 누구나 열고 들어갈 수 있는 것도 보안상 문제점으로 남는다.

살면 살수록, 들으면 들을수록 하늘을 향해 한숨만 이어지는 뼈아픈 사회와 인간들의 작태를 보면서 하루하루 숨을 쉬고 있다는 것이 다행한 일이 아닐 수 없다. 매일 외출하거나 운전대를 잡을 때 그리고 사람을 만나 어떤 일을 이루어 나갈 때 두려운 마음이 들어 늘 기도하게 된다. 믿음이 좋아서가 아니라 너무 다급한 일이고, 늘 일어나는 사건들로 어려움을 당하기 때문이다. 너무 암담한 현실을 바라보면서 이 민족을 위해 기도할 수밖에 없다. 사람의 힘으로는 도저히 가능하지 않기에 더욱 하나님의 능력을 구해야 한다.

기후적 환경 때문에 사람들의 의상은 어둡기만 하다. 겨울에는 온통 연기로 앞을 가늠할 수 없고, 사람들의 마음도 칙칙해 보이고 눈빛이나 표정들은 무엇을 생각하고 있는지 알 수가 없다. 저들이 입고 있는 델(몽골 전통 의상) 안쪽에는 무엇이 숨겨져 있는지 알 수 없다. 희망이 보이지 않고, 환경 면으로나 국가적으로 아무런 기대할 만한 것이 없어 보이는 나의 안목이 잘못된 것이면 좋겠다.

내가 판단하는 비판이 주관적인 것이면 더욱 좋겠다. 나의 귀에 우울한 이야기들이 줄어들고, 내가 살면서 체험하는 일들이 더 긍정적이고 희망적인 것들이 이어졌으면 하는 소원만 가득하다.

한 세대가 지나면 조금 나아질까 아니면 더 길게 봐야 하는 것일까?

중국 장미
2013년 10월 30일, 수

몽골에 도착했을 때 집안에 화분 하나 없이 썰렁한 것을 보고 근처에 사는 선교사가 어린 중국 장미가 심겨 있는 화분을 선물했다. 사랑으로 물을 주고 햇살이 이동할 때마다 더 많은 햇빛을 더 보라고 정성을 다했다. 이듬해부터 진한 핑크빛 꽃이 피었다. 얼마나 반갑고 예쁜지 사진을 몇 장 찍어 두었다. 서양 장미와 달리 일 년에 한 번 핀다는 중국 장미는 한국의 무궁화와 비슷하다. 향기는 없지만 집안 분위기를 바꿔 놓는 생명체여서 너무 사랑스럽다.

그런데 잠들기 직전 무언가 둔탁한 굉음이 들려 거실에 나와 보았다. 아침에 활짝 웃던 장미꽃이 카펫 바닥에 떨어졌다. 시드니에서 많은 장미를 키웠는데 거기 장미는 며칠 동안 꽃의 여왕으로서 그 아름다움을 자랑하며 향기를 뿜어내는데 왜 중국 장미는 일 년에 한 번 피면서 하루 만에 낙화가 되어야 하는지 더욱 안타까움이 심했다. 그래서 그 후부터는 더 애지중지하며 물을 주고 사랑을 주며 키우고 있다. 어쩌다 긴 시간 동안 나가 있다가 돌아오면 장미는 원망하듯 풀이 죽어 있다. 언어가 없으니 몸으로 말하는 것처럼 들린다.

4년 전, 이전의 목회 생활에서 늘 푸른 꿈에 젖은 아이처럼 허망한 시간을 보낸 것 같아 후회스러움이 많았다. 내가 선택한 땅이었지만 생각처럼 열매를 맺기 전에 반드시 피워야 할 꽃이 없었다. 오랜 고민 끝에 사막에 꽃을 피워 보리라 작심하며 삶의 거처를 이 땅으로 옮겼던 것이었다.

몇 년을 더 기다려야 나의 꽃을 피울 것인가?

열매가 없는 화초가 아름다움을 선물하듯이 비록 결실이 없는 나의 인생, 나의 사역일지라도 한 번만이라도 꽃을 피울 수 있다면 하는 간절한 소원이 있다.

사과를 먹고 나서 무심코 화분에 씨를 심었더니 작은 나무가 되었다. 열매를 기대할 수 없는 환경과 조건에 갇혀 있지만 그 자체만으로도 나의 사랑을 받고 있다. 무언가 자라서 창조의 푸른 빛을 안겨 주고 생명의 진리를 말해 주고 있음에 감사하다. 몽골 초원에는 나무를 보기 힘들고 한 자 정도 되는 억센 풀들만 가득해도 푸른 초원을 만끽할 수 있다.

중국 장미가 창문 가에서 햇살을 노래하고 밤에는 차가운 바깥바람에 온몸을 떨다가 마침내는 자기 몫을 감당하다가 떨어지는 것처럼, 나의 인생을 통해 푸른 빛을 내고, 한 번이라도 꽃을 피우는 위대한 일을 이루고 싶다는 소박한 생각을 품어 보았다.

창가에 서서

2013년 11월 5일, 화

가능하면 하루에 여러 일을 처리하고 또 사람들을 만나려고 계획을 세운다. 그러나 사람들은 시간을 제대로 지키지 않아 늘 공백을 갖게 된다. 그뿐만 아니라 공공기관에서 일하는 직원들이 늘 자리에 없어 일을 처리하는데 애로사항이 한둘이 아니다.

집에 들어오면 습관적으로 샤워를 해야 한다. 거리에 흩날리는 먼지를 덮어썼기 때문만 아니라 마음의 평안을 누리기 위함이다. 창가에 서서 밖을 내다보니 자동차들이 하나둘 들어오기 시작한다. 하루 종일 피곤하고 정신없이 스트레스를 받았지만, 누군가 기다리는 가족이 있기에 하루를 마감하며 따뜻한 가정의 품에 안긴다. 사랑하는 아내가 있고, 생명과도 바꿀 수 없는 아이들이 있어서 행복한 것이다.

하지만 이곳에서 나를 반기는 자는 아무도 없다. 집안에 화초 몇 개만 말없이 잎사귀들을 팔랑거리고 있다. 늘 잔잔한 음악만 흐르고 도마 위에 고기 요리하는 소리도 들리지 않는다.

적막한 산골짜기 혹은 바닷가 외딴집과 다름이 없다. 고독이나 침묵이 가족이 되어 살아가는 것에 익숙해져 있는 나 자신이 서글퍼진다. 반면에 과거에 대한 기억을 떠올릴 수 있고, 내 과거 속에 스쳐 간 얼굴들을 생각하며 그리워하기도 하고, 원망도 해 본다.

주변에 있는 선교사들이 간혹 와서 식사하라고 스치는 말은 하지만 가는 것도 번거로움이다. 어쩌다 커피 한 잔을 나누다 돌아오기도 한다. 그러나 혼자 있어서 외롭고 고독한 것이 아니라 모두 같은 심정인 듯하다. 10년을 훌쩍 넘기면서 많은 일들을 하고 있지만 마음은 늘 아무것도 없는 사막과 같다는 말을 듣곤 한다.

퍽 드물게 내가 아는 한 선교사는 몽골인들이 너무 사랑스럽고 귀하고, 모든 것을 다 주어도 아깝지 않다고 말해서 반박하지 못하고 고개만 끄덕이고 말았다. 대부분 긍정적인 면보다는 부정적인 표현을 하면서 안타까워하고 있는데 어떤 위대한 사랑이 있어서 그렇게 말할 수 있는지 부끄러운 마음으로 돌아온 적이 있다.

선교사의 삶이란 우상과 악한 영들과의 영적인 싸움이라고 교과서적인 말을 하는 사람들이 많다. 틀린 말은 아니지만 나의 개인적인 삶에 비추어 볼 때 고독과의 전쟁, 나 자신과의 싸움이 아닐 수 없다. 가족이 함께 있거나 없거나 관계없이 끝없이 평행선을 그을 수밖에 없는 현지인들과의 사역과 언제 이 땅을 떠날지 모르며 하루하루를 연명하는 선교사들의 폐부 깊은 곳에는 늘 외로움과 누구에게도 말할 수 없는 침묵의 언어가 있는 듯하다.

예수님이 그러셨던 것처럼 그리스도인들에게 고독은 또 다른 의미에서 소중한 언어다. 이제껏 의식하지 못했던 시각을 보게 하고, 신앙의 깊은 경지를 깨닫게 하고, 하나님과 나와의 침묵의 시간을 통해 한 발 더 가깝게 다가가게 하는 선물이다. 그래서 고독을 즐기며 남이 모르는 평안함에 빠져 살아가고 있어 감사하다.

몽골의 초상화
2013년 11월 10일, 주일

눈보라가 요란하게 휘몰아치더니 건너편 아파트의 창문이 떨어져 산산조각이 났다. 다행히 사람은 다치지 않았다. 울란바토르는 분지이지만 강줄기 따라, 산골짝마다 불어대는 칼바람이 예사롭지 않다. 내가 사역하는 언덕배기에는 10채의 게르가 설치되어 있는데 겨우살이를 하려고 커다란 돌덩이를 매달고 있다. 그래도 바람은 게르 기둥을 부러뜨리고 지붕이 날아가는 소동을 몇 차례 겪게 한다. 혹한의 한밤중에 난리를 피운 적이 몇 번이나 된다.

걸인 공동체 사역자인 내게 많은 사람이 허무한 사역을 그만하라고 책임 없이 말을 던지곤 한다. 고마운 말이지만 아직도 내 맘에 동의하지 못하고 있다. 정부가 버리고, 한때는 죽도록 사랑했던 가족들도 포기한 이들을 나조차 외면한다면 마음이 그다지 편하지는 않을 것 같다. 그렇다고 내가 무엇이 있어서가 아니고, 그들보다 삶의 계층이 한 단계 나아서도 아니다.

고상한 선교 사역도 무수한 데 하필이면 왜 걸인 사역인가?

나 자신도 끝없이 던지는 질문이지만 답은 없다. 이러한 사역 가운데 걸인들의 삶을 대하고 무언가 조금이라도 준다는 쓸데없는 자부심을 더해 가려는 의도가 숨겨져 있다면 나는 얼마나 추한 양심의 소유자일지 하는 생각이 뇌리를 스친다.

　이제까지 세상에서 가장 낮은 계층의 이들을 위해 일하면서 우월감이나 저들의 비참한 삶을 대하며 거룩한 사역이라는 사치스럽고 냉소적인 생각은 해보지 않았다.

　그렇다면 얼마나 나 자신이 비열한 인간이고 수준 이하의 목회자인가?

　가련하기 이를 데 없는 저들의 주변에는 그들을 외면하고 무언가 나누어야 하는 기본적인 양심을 묵살해 버리는 사람들이 얼마나 많은지 모른다. 그렇지만 그들 행위의 옳고 그름에 대해 깊이 생각해 보고 싶지는 않다.

　걸인들의 비참한 삶을 바라보며 몇 덩이의 빵을 던져주기도 하고, 더 이상 몸에 걸칠 수 없는 옷 대신에 한국에서 보내온 옷을 입혀 주고, 또 영하 40도 기온에도 비닐로 발을 칭칭 감고 다니는 것을 보며 안전화를 수송해 신겨 주는 일은 결코 수월하지 않다. 다만 모두가 주기 이전에 비난하고 매도하며 무책임한 인생이라고 치부하는 세상에서 그래도 저들을 위해 무엇을 해야 하는지 고민 가운데 서 있다.

　우물을 파 주고 비누를 사 주어도 씻지 않아 숯검댕이 같은 손등이 터져 피가 엉겨 얼어붙은 것을 보면서 안타까워 면장갑을 들여오고, 또 한 번만 걸쳐도 빛깔이 바랠 정도의 목덜미에 손수 떠준 사랑의 목도리를 걸어주면서 따스한 세상을 살라고 권면할 때마다 저들의 눈가에 이슬이 맺히고 내 목젖이 울컥하기도 한다.

　한 번은 맨홀에서 나오는 사람과 눈이 마주치게 되었다. 초겨울에 무엇을 먹고 나왔는지 입 주변에는 하얀 가루가 묻어 있었다. 생 밀가루를 먹은 듯하다. 간단한 인사를 하고는 가방에 있던 면장갑을 하나 건네주었더니 말이 없다. 왜 이런 것을 주는지 의아해하며 바라보았다. 나는 뭔가 따지는 듯한 그 눈빛을 뒤로 하고 걸음을 재촉했다.

도시 문명과 전혀 다른 맨홀의 세계가 궁금하다. 그러나 대략 들어서 안다. 어느 곳은 머리를 들지 못할 정도로 얕아 허리를 구부리며 지낸다고 한다. 그 안에서 화장실, 주방, 침실이 엉켜 있는 복합적인 구조로 되어 있다. 또 남녀의 구별도 없다. 때론 술기운에 싸우다 사망 직전에 도달한 사람이 있는가 하면 병들어 죽는 사람도 발생하기도 한다. 정부에서는 맨홀을 잠가 버리는 정책을 폈지만, 그들의 생존 본능을 막을 길은 없는 듯하다. 그래도 그곳만큼 온기 있는 절대적인 세상은 그들에게 없기 때문이다.

매일 눈을 제대로 뜨지 못하고 휘청거리는 걸인들의 몸짓과 눈빛을 보며 때론 나 자신도 어디로 향하는지 망각한 채 하루를 지내기도 한다. 아니 그런 시간의 연속이다. 걸인들의 넓은 등 벽에는 많은 분노와 애환이 서려 있다. 자기의 무책임과 잘못으로 버림받았지만, 마누라를 향한 증오가 깊이 박혀 있고, 그래도 아비로서 보고픈 아이들의 얼굴이 그려져 있는 듯하다.

어디 그 뿐이랴!

걸인 공동체 주변에 사는 주민들은 오래전부터 항의가 빗발치고 있다.

걸인보다 조금 낫다는 우월감 때문일까?

간혹 쓰레기 봉지가 선교센터 담장 안으로 던져져 있다. 주민들이 버린 것이다. 환경이 열악하기에 동네 개들이 더 몰려든다. 이것은 주민들을 위협하는 요소가 되었다. 그뿐만 아니라 이웃을 향한 성희롱, 욕설과 거친 행동이 잦아 문제가 되기도 했다. 그것이 전부라고 하면 다행이지만 간혹 자기들끼리 싸우다가 돌로 머리에 구멍을 내거나 손가락이 절단 직전까지 이른 사건이 있어 병원에 실어다 준 적도 있다.

그렇다 할지라도 주민들은 값싼 빵 한 줄 먹어보라고 주지도 않으면서 집단 야유를 하기도 하고 돌을 집어 던지기도 한다. 주민들을 위해 우물을 제공하기도 하지만 걸인 공동체 안에 있는 물을 그들은 안 먹겠다는 자존심이다. 사륜구동 자동차조차 올라갈 수 없는 동네에 살면서 알량한 자존심은 여전한 것 같다. 걸인 공동체 안에서 목숨을 연명하고 있는 그들이나 지역 주민들 모두 거센 바람과 흙먼지, 가난과 문화 혜택을 제대로 누리지 못하는 환경은 다를 바 없다. 종이 한 장 차이에도 행복을 누릴 수 있다면 그나마 다행스러운 일이다. 인간의 힘으로 해결할 수 없는 가난, 술 중독, 가정 파괴, 기쁨을 상실한 고독하고 처참한 인생들을 바라보면서 아무런 생각이 떠오르지 않는다. 고가의 유럽 자동차들이 도로를 점거할 정도로 즐비하지만 정작 빵 한 줄이 없어 허덕이고, 온갖 질병을 안고 있으면서 아프다는 말 한마디 못 하고 추운 겨울을 나는 저들에게 삶의 의미는 무엇일지 의문만 겹겹이 쌓여간다.

더욱이 목회자로서, 지난 시간 동안 의미도 모르고 강단에서 외쳤던 언어들이 이들 앞에서는 부끄럽기만 하다. 오히려 가식적이고 그렇게 살지 못하면서 그런 것처럼 살아온 이중적인 모습이 걸인들의 삶을 보면서 낱낱이 고발되고 있다. 늘 불만스러운 표정을 감출 수 없었던 지난 시간보다 점점 내가 얼마나 풍요한 삶을 살고 있는지 깨닫게 된다.

인사로 하는 말이지만 무엇이 필요하냐고 묻는 이들이 종종 있다. 앓는 소리를 할 수 있는 자격이 있는 선교사이지만, 정작 그러한 말 앞에서는 '괜찮다', '다 있다', '건강하다', '충분하다' 등 이러한 상투적인 단어들로 답을 한다. 이것을 본 어떤 이는 내게 위선자라고 질타한 적도 있다. 선교사가 얼마나 필요한 것이 많고 가족들이 얼마나 힘들게 살고 있는데, 역반응을 보인 내가 위선자라는 것이다. 틀린 말은 아니다. 어쩌면 가족 앞에서는 실상이 아닌 허상의 존재로 살고 있는지 모른다.

기도할 때마다 습관적으로 하는 내용이지만, 걸인들에게 빵 한 조각 나눌 수 없을 정도로 가난하지 말고, 그들을 도외시하거나 비난할 정도로 비양심적이지 말고, 내가 아파서 그들을 돌볼 수 없을 만큼 약하지 말고, 절망 가운데 살고 있는 저들에게 희망을 줄 수 없을 정도로 나약한 신앙인이 되지 않게 해달라고 애원하다시피 하는 중얼거림이 벽지마다 박혀 있다.

을씨년스러운 밤, 폭설을 예고하는 듯한 검은 구름이 하늘 전체를 감싸고 있다. 내 마음 한편에도 …

시드니 S 교회에서 몽골을 방문하다

2013년 12월 21일, 토

몽골의 겨울을 경험하지 않은 한국에 있는 사람들에게 혹독한 몽골의 추위를 설명하기 어렵다. 그런데 하물며 영하권의 날씨조차 없는 시드니의 교민들에게 몽골의 겨울은 더욱 상상을 초월할 정도로 두려운 기온이다. 가깝게 지내는 목사님 교회에서 담당 부목사님과 청년 두 명이 몽골을 방문했다. 시드니에서 왔다는 이유만으로도 고향 식구처럼 친근감이 든다.

우리 집에 함께 있으면서 식사를 나누고, 불편한 잠자리이지만 편안한 마음으로(내 생각이지만) 한 주일을 지냈다. 걸인들의 삶의 현장과 산골짝에서 힘겹게 살아가는 가난한 가정들에 작은 선물을 나누며 몽골을 체험했다. 다행인지 불행인지 전형적인 몽골 혹한 추위는 아직 시작되지 않았다. 12월 하순경에는 낮 기온이 보통 영하 30도를 웃도는데 올해는 영하 20도 안팎이었다.

눈길을 운전해 지방 도시에 가서 교회를 방문하였고, 오고 가는 길에 펼쳐진 설경도 신기한 눈으로 바라보기도 했다. 시드니 환경과 너무 다른 문화를 체험하면서 수고하시는 선교사님에게 미안한 마음이 들고 하나님께 감사드리는 마음이 들었다고 고백하기도 했다.

성탄절에는 임시 목회하는 교회에서 방문한 부목사님이 예배를 인도하였고, 교인들에게 맛있는 특별식도 제공해 즐겁고 뜻 깊은 시간을 가졌다.

무엇보다도 호스피스 병실에서 신음하고 있는 암 환자들을 위해 기도하고 영혼을 위해 찬양하는 시간을 가졌고 이를 통해 건강을 주신 하나님의 은혜와 축복에 대해 다시 한번 절감하는 복된 시간을 가졌다. 두 청년은 이제까지 살아오면서 느껴 보지 못한 사람들, 상상할 수 없는 가난한 마을과 주민들의 실상을 바라보면서 더욱 감사하는 그리스도인으로 살아야겠다는 결심을 토로했다.

　겨울에 온 특별한 손님들, 푸른 초원을 바라보는 시각과 달리 극도로 혹독한 추위와 싸우며 살아가는 가난한 영혼들을 향한 긍휼의 마음을 갖게 되고 또한 축사 대신 눈밭에서 찬바람에 몸을 부르르 떨고 있는 가축들을 보면서 안타까워했다. 무채색의 나라 몽골은 겨울철이 되면 더욱 그렇다. 밝은색 옷을 입기엔 너무 심각한 환경이다. 그래서인지 사람들의 얼굴에도 웃음보다는 환한 빛이 없는 표정으로 살아간다.

　특히, 이번 손님들은 유럽 사람들처럼 낯 모르는 사람과 스쳐 지나갈 때 간단한 인사는 찾아볼 수 없고, 그럴 마음의 여유 없이 평생을 살아가는 이들을 보면서 느끼는 바가 많다고 했다. 발전소에서 뿜어 나오는 연기로 잿빛 하늘을 바라보며 기도하듯 눈을 감고 공항을 향했다.

아내의 분주한 몽골 시간

2014년 2월 15일, 토

아내가 겨울에 몽골을 방문하는 목적은 추위가 좋아서거나 겨울눈을 보기 위함이 아니라 순전히 남편의 식생활을 장만해 놓고 가려는 애틋한 심정이 가장 크다고 볼 수 있다. 한국 시장과 비교할 수 없지만 있는 재료들을 구입해 밤낮없이 수고를 하는 것을 보면서 무능하기 짝이 없는 내가 미워지기도 한다. 주변에 몇 가정을 초대해 식사를 나누면서 교제의 시간을 갖고, 걸인들의 숙소와 교회들을 방문하면서 인사를 나누기도 했다.

그 외 시간은 반찬 만들기로 가사 노동에 온 시간을 투여한다. 지금까지 '밑반찬 정식'으로 건강을 유지할 수 있었던 것은 이러한 아내의 헌신 때문이라고 언급하고 싶다. 때론 늘 같은 메뉴 앞에 기도할 때마다 서러움을 느끼며 눈물이 찔끔 나기도 하지만 내가 돌보는 걸인들을 생각하면 사치스러운 발상이 아닐 수 없다.

이제까지 내가 게을러서 혹은 싫어서 안 먹었지 먹을 음식이 없었던 적은 없었다. 그만큼 하나님은 내게 먹을 복을 주셨다. 아내는 며칠 동안 누룽지를 50여 장 만들어 놓았다. 게으른 나를 위해 끓는 물에 잠시 넣기만 하면 먹을 수 있도록 특별한 배려를 베푸는 것이다. 그뿐만 아니라 만두를 좋아한다고 한국에서부터 재료를 가져와 만들어 놓았다. 아내가 다녀가고 나면 두어 달은 쇼핑 걱정 안 해도 된다.

그렇게까지 수고하면서도 출국 전날에는 늘 함께 있지 못하는 미안한 마음과 남자 혼자 밥을 끓여 먹으며 외롭게 사는 것에 눈물을 흘리곤 한다. 미안하기는 나도 마찬가지가 아닐 수 없다. 약한 몸으로 유학생들을 데리고 있으면서 경제적 충당과 집 관리까지 해결해야 하는 아내, 사명이란 이름 아래 남편의 도리를 다하지 못하는 것에 늘 마음으로 안타까워하고 있다.

어떻게 사는 것이 옳은지 정의하기가 쉽지 않다.

사역을 감당한다는 명목으로 하나님이 주신 가정이라는 선물을 이렇게 외면 하듯 살아가는 것이 과연 신앙적이고 바른 선교적 개념인가?

아니면 진정한 하나님의 뜻인가?

머리를 아무리 쥐어짜도 명확한 답을 산출해 낼 수 없다.

어느 가정이나 작고 큰 어려움이 있기 마련이다. 그러한 모든 것을 기도한다는 명분으로 관망하는 시간이 길어지고 있는 게 어쩌면 잘못 살고 있는 것은 아닌지 번민에 빠지기도 한다.

제5부

동역자들에 대한 감사

2014년

뉴욕 교회에서 보내온 모자와 목도리

2014년 4월 25일, 금

지난 1월에 뉴욕에 있는 한인 교회를 방문하는 기회가 있었다. 그때 몽골을 소개하면서 목도리가 걸인들에게 소중한 선물이 되었다는 간증을 했다. 그 후 어르신들이 털실로 정성껏 모자와 목도리를 두 박스나 만들어 보내왔다.

얼마나 귀하고 소중한 선물인가?

내 사서함 주소에 도착해야 할 물건 중 한 박스는 중앙 우체국에 도착했다. 아직도 미숙한 행정 때문에 혼란이 많은 편이다. 중앙 우체국 담당자는 세금을 운운하면서 쉽게 물건을 내 주지 않았다. 박스 안에는 영문으로 가난한 이웃에게 주는 선물이라고 적어 두었다. 그래도 판매를 목적으로 가져온 것이라고 계속 우겨댔다.

결국, 아는 예비역 장교인 몽골 장로님에게 전화를 걸어서 상황을 설명했더니 담당자를 바꿔 달라고 해서 전화기를 넘겨주었다. 몇 마디 인사를 주고받더니 미안하다고 하면서 내게 박스를 내주었다. 불합리한 사회 구조라고 질책을 하다 가도 아쉬울 때는 나도 어쩔 수 없이 그 힘을 빌려 써야 한다. 모순이다.

4월 말이지만 아직 찬 바람이 불고, 간혹 많은 눈이 내리는 계절이다. 그래서 걸인 예배에 가져가서 나누어 주고 산골짝에 살고 있는 가정을 방문하여 어린아이들에게 모자를 씌워 주었다.

돋보기를 쓰고 모자를 뜨는 어르신들의 사랑을 받는 이들은 과연 어떠한 심정일지 궁금하다. 그 심정을 알려고 생각하는 자체가 잘못된 것일 수 있다. 하지만 최소한의 인간이라면 노인들의 떨리는 손과 가늠하기 쉽지 않은 눈으로 뜬 모자와 목도리, 세상에서 그 어느 것과도 비교할 수 없는 사랑의 선물에 대해 감사한 마음을 가졌으면 하는 사치스러운 마음을 가져 보았다.

어디를 가든지 선교사들에 대해 실망하는 경우도 종종 있지만 그럴지라도 희망의 끈을 놓지 않고 최선을 다해 섬기는 귀한 믿음의 동역자들이 많음을 보며 한국 교회나 해외에 있는 이민 교회의 미래가 그리 어둡지 않다는 확신을 가져 본다.

1세기 전 한국에 온 호주 선교사들의 이야기는 아직도 우리에게 감동스러운 고전이다. 선교사들을 후원하기 위해 교회의 어르신들이 손수건에 수를 놓기도 하고, 주방 수건을 만들어 그것을 판매한 수입으로 선교사들을 후원했다는 것이다. 그러한 수고와 사랑의 모습은 몇 세기를 지나도 변함없을 것이고 그 힘으로 하나님의 나라는 굳건히 세워지리라 본다.

나약한 사람에게 작은 도움이 되고, 갈증을 느끼는 한 사람에게 빵 한 덩이, 물 한 그릇을 대접하는 믿음과 사랑으로 수고한 어르신들은 절대 작지 않은 일을 감당하는 것이고, 그 일은 하늘나라의 상급을 받기에 부족함이 없으리라고 본다. 수고하신 모든 분에게 깊은 감사와 하나님의 은총이 함께 하시기를 기원한다. 건강하게 장수하기를 기도한다.

C 선교사가 철수하다
2014년 5월 15일, 목

약 7개월 전에 L 선교사가 비통한 마음으로 출국한 후 C 집사는 평신도 선교사로 같은 교회 공동체 사역자로 있다가 후임으로 들어오게 되었다. 그 순간부터 다른 사역자에게 말로 다 할 수 없는 모함과 시련을 겪게 되었다. 나는 C 집사가 설교를 부탁해서 몇 번 가게 되었고 전쟁터를 방불하게 하는 일들에 대해 상세히 들을 수 있었다.

선교지에서 오직 복음을 전하며 그것에 대해 사람들이 하나님 앞에 돌아오는 변화에 대해 기뻐하며 찬양해야 하는 선교팀이 쉴 새 없이 분열과 갈등에 휩싸여 근본을 상실하고 성도들의 기도와 헌신에 대한 보답을 못하고 있다는 점에 대해 부끄럽고 가슴이 터질 정도로 안타깝기만 하다.

참아 보려고 애를 쓰는 C 집사 부부는 얼굴이 피폐해졌고 어찌 감당해야 할지 모르겠다고 하면서 탄식까지 했다. 교회 직원에게 덕이 되지 못하고, 교인들에게 이해될 수 없는 일들이 지속적으로 벌어지고 있는 것이다. 얼마 전 몽골 전도사가 내게 다가와 작은 목소리로 이야기했다.

"김 목사님, 왜 한국 선교사님들은 만나면 서로 험담하고 그때마다 우리에게 변명을 해요?"

내 얼굴이 갑자기 붉어졌다.

"아아 그것은 다 그런 것은 아니고 무슨 특별한 이유가 있겠지. 너무 신경 쓰지 마."

선한 일을 하겠다고 좋은 환경 다 뒤로 하고 와서 현지인들에게 상처를 남겨 준다는 것은 한국 교회 전체를 욕되게 하는 일이 아닐 수 없다.

다툼을 피할 수 없다면 조용히 해결하는 지혜나 인내심은 없는가?

물론 이렇게 말하는 나 역시 같은 부류고 더 심할 수 있을 것이다.

하지만 죽고 사는 문제가 아니라면 개도 물어 가지 않는 자존심을 조금 내려 놓을 수 있다면, 눈앞에 보이는 물질적인 탐욕을 누를 수 있다면 얼마나 아름다운 하나님의 일꾼이 되겠는가?

이것은 이상적 발상이다. 흔히 이민 생활은 아무나 하는 것이 아니라고 한다. 그만큼 자기 고국을 떠날 수 있는 독특한 성품, 다른 표현을 빌리자면 독함이 있어야 떠날 수 있고, 남의 땅에서 살 수 있다는 말이다. 그런데 선교지에 막상 와 보니 이민자들과 비교할 수 없는 모습들이 간혹 보인다.

그런 점에서 나는 이민자로서 선교지에 왔으니 누가 나를 말릴 수 있으랴!

지난해 L 목사 부부는 필요한 개인 짐을 미리 보내고 가방 몇 개만 들고 출국했다. L 선교사와 다소 입장이 다르기에 편한 마음으로 간다고 했다.

그리고 지난 수 개월 동안 겪으며 상한 마음을 이제 내려놓을 수 있어서 오히려 고맙다고 했다. 갈 곳이 있든 없든 이렇게 한국을 대표하는 대형 교회 선교팀이 와해되고 더 이상 웃는 낯으로 마주할 수 없는 관계가 되었다는 것은 하나님의 마음을 아프게 한 것이고, 예수님을 다시 한번 십자가에 못 박게 하는 것은 아닌지 하는 마음으로 잠을 이룰 수 없었다.

우리는 한 사람의 예외 없이 하나님 앞에 서게 될 것이다. 그때 나의 삶의 흔적이 낱낱이 밝혀질 것은 확연하다.

이것을 예측하고 오늘을 살아간다면, 그것을 두려워할 줄 안다면 그나마 동정 점수를 받게 되지 않을까?

나 역시 여기에 대해 자유로울 수 없는 죄인이지만 말이다.

꿈에서 깨어나 울어 버린 여중생

2014년 6월 10일, 화

임시 목회를 1년 반 정도 하다가 담임목사가 돌아왔기에 나는 늘 다니던 다른 교회를 순회하고 있었다. 이른 아침인데 전화벨이 울렸다. 몽골인들은 잠이 많은 편이어서 특별한 일이 아니면 이 시간에 통화를 하는 경우가 적은 편이다. 교인 중 한 사람이 오늘 저녁 시간에 집에 와 달라는 부탁이었다. 누구 생일인가 물었더니 자초지종을 말해 주었다.

그녀의 딸은 13살 중학교 2 학년이다. 그런데 꿈에서 김 목사님을 만나서 너무 좋았는데 깨어 보니 꿈이었다고 아쉬워하며 울었다는 것이다. 그 여학생은 내게 다가와 말을 한 적이 없었다. 말수가 적은 데다가 수줍음이 많아 보였다. 어쩌다 말을 걸면 얼굴이 홍조를 띠며 도망치듯 달아났다. 그녀 엄마의 이야기를 듣고 나니 사춘기 소녀가 할아버지 목사인 나를 좋아했던 것 같이 보였다.

가까운 몽골 자매에게 함께 가자고 하며 이유를 말했더니 박장대소했다. 저녁상을 그 여학생이 다 차리다시피 했다는 엄마의 말이다. 그 학생은 내가 문 앞에 들어서자마자 눈물이 그렁그렁한 채 내게 안겼다. 언니들이 옆에서 놀려 대고 있었지만 아랑곳하지 않았다. 식사 시간 내내 내 옆에 앉아 있었고 두 시간도 모자라 연장전까지 벌여야 했다.

그녀의 가족들은 학생이 이제까지 나에 대해 아무 말도 한 적이 없었는데 의외라는 것이었다. 그녀의 엄마는 우리 딸이 갑자기 아빠가 둘이라고 웃으며 말을 던졌다. 언니들은 이렇게 말하면서 박수를 쳤다.

"오늘부터 우리 가족이 됨을 축하합니다."

그 학생의 엄마는 내게 김 목사님이 교회를 시작하면 우리 가족이 다 갈 것이라고 몇 번이나 말해 주었다. 하지만 다른 교회 교인을 도둑질하는 몰지각한 목사가 되고 싶지 않고, 또 교회를 시작할 마음도 없다. 여러 교회를 다니며 아직도 목회자가 없는 지방 교회들을 위해 가깝든 멀든 다닐 것이라고 했다. 내 말에 섭섭한 얼굴빛을 보였지만, 그것이 내가 할 수 있는 최선의 선택이라고 본다.

넉넉하지 못한 가정인데 이것저것 봉투에 담아 주면서 우리 온 가족이 김 목사님을 진심으로 사랑하니까 힘내라고 하면서 온 가족이 번갈아 가면서 나를 힘껏 포옹해 주었다. 늘 불만투성이로 바라보고 있는 이 땅에서 이런 가족의 사랑을 받는다는 것에 미안한 마음이 들었다. 여학생은 내가 보이지 않을 때까지 손을 흔들며 아쉬워하고 있었다.

몽골이 해결해야 할 세 가지 재앙
2014년 6월 25일, 수

거의 없는 일이지만 몽골 청년이 내게 밥을 사 주겠다고 전화했다. 내색은 못했지만 긴 가뭄 끝에 내리는 한줄기 소낙비와 같이 반가운 일이다. 한마디로 보기 드문 일이다. 한국에 10명을 데리고 간 일이 있었는데 그 가운데 유일한 형제가 아버지에게 용돈을 받았다고 저녁을 사 주겠다는 것이다. 시간과 장소를 정하고 기다리고 있는데 좀처럼 나타나지 않았다. 한 시간 정도 후에 축 처진 어깨로 들어왔다.

"무슨 일이냐?"

내가 물었더니 버스를 탔는데 나와 통화를 하던 중에 소매치기에게 지갑을 강탈당했다는 것이다. 그 학생은 부모가 대학교수라서 넉넉하고 성격도 그러했다. 그런데 안타까운 일을 당하고 만 것이다. 나는 좀처럼 오지 않는 기회를 잃고 말았다. 학생은 은행과 경찰서에 신고하느라 늦었다고 했다. 정당한 변명에 내가 오히려 미안하다고 위로하며 밥을 사 주었다. 이곳에서 살면서 내 나름대로 느끼는 점이 있다. 물론 더 많은 재앙적인 요소가 있지만, 몽골 땅에 반드시 해결해야 하는 세 가지 재앙이다.

첫째, 주정뱅이(속된 표현이지만)가 많아도 너무 많다.

가정 안에나 거리에서 어렵지 않게 볼 수 있다. 친구나 친척을 방문하는 손님들의 손에는 술병이 기본이 아닌지 여겨질 정도다. 내가 보는 견지에서 몽골이 망하면 안 되겠지만 혹 그렇게 된다면 가장 큰 요인이 술 때문이라고 표현하고 싶다. 술로 인해 가정이 파괴되고 있고, 각종 질병과 사회악이 번성하고 있는 실정은 누구도 부인할 수 없다. 한국도 술을 꽤 많이 마시는 국가 중에 하나이지만 중독에 가까운 정도는 극소수가 아닌가 생각한다.

내가 사는 빌라촌에 쓰레기는 아래층 출입구 옆에 쌓아 둔다. 그러면 관리인이 수시로 가져가는데 늘 보면 술병이 음식 쓰레기보다 많은 형편이다. 술을 먹고 나서 집안 살림을 부수며 싸우는 괴성, 아이들이 겁에 질려 우는 소리가 방음 시설이 안 된 아파트 단지를 소란스럽게 하고 있다.

둘째, 혹독한 추위가 환경적인 재앙으로 여겨진다.

9월부터 내리기 시작하는 눈은 5월까지 지속된다. 아파트에 사는 소수의 중산층 이상을 제외하고는 많은 주민이 게르 혹은 게르 형 주택에서 살고 있다. 이렇게 가난하게 사는 주민들은 난방을 제대로 하기엔 큰 비용이 필요하다. 그러나 따뜻하게 지낼 정도면 게르에서 살지 않을 것이다.

혹독한 추위는 국가 발전에 많은 저해를 가져오는 것은 어쩔 수 없는 환경적 요인이다. 생산업이 거의 없는 실정이지만 탄광업을 주 경제적 산물로 삼고 있는 몽골은 추위가 시작되면 기계 가동을 중단할 수밖에 없다. 시골에는 허허벌판에 부는 세찬 바람으로 수 없는 가축들이 얼어 죽는다. 여름철에 낳는 새끼보다 얼어 죽는 숫자가 더 많다고 할 정도다. 그러다 보니 점점 목축업에 종사하는 시골 사람들이 도시 변두리에 장막을 치고 힘겹게 살 수밖에 없다.

셋째, 아버지 모델의 결핍을 꼽을 수 있다.

게르라는 전통 가옥에서 살아오면서 방 하나와 같은 작은 공간은 행복하게 살면 천국이고 그렇지 않으면 너무 당연한 말이지만 지옥에 가깝다. 물론 개방된 공간에서 가족 간에 희로애락을 함께한다는 것이 여간 어렵지 않음을 알 수 있다. 우리 가정도 한동안 한 방에서 네 형제가 함께 살면서 늘 형제간에 다툼이 있었던 기억이 난다.

마땅히 일할 것이 없는 몽골에서 아버지의 위치는 아내에게나 자식들에게 존경받기가 쉽지 않다. 아버지는 가정을 책임지기 위해서는 사회적 위치나 경제적인 문제까지 해결할 수 있어야 아버지로서의 권위가 서게 된다. 그런데 이 땅에 사는 많은 아버지가 술이나 마시고 공연히 사사건건 간섭만 하고 술주정을 하다 보니 아내들에게 걷어차이게 된다.

그래서 그런 남자들이 걸인의 90퍼센트를 차지한다. 아이들도 굳이 사라진 아버지를 붙잡을 이유를 찾지 못하고 오히려 평온해진 분위기에 익숙하게 되는 뼈 아픈 현실이다. 게다가 어린 딸들에게 대한 좋지 못한 행동으로 여성들은 어려서부터 깊은 상처를 받게 되고 치유가 안 된 상태에서 정상적인 이성 교제를 하지 못하는 결과까지 낳게 된다.

이렇게 깨어진 가정에서 자란 아이들은 늘 우울하고 비관적인 정신 상태로 성장하게 되어 건전한 사회를 이루기 쉽지 않고 자기들의 미래를 설계하는 데도 많은 지장을 초래하고 있다. 사랑을 받아 본 자가 사랑을 할 수 있는데 현실은 너무 어렵기만 하다.

또한, 혼잡한 버스 안이나 시장은 절도와 강탈을 일삼는 사람들의 일터가 되어 버렸고 선량하고 약한 자들은 그들의 먹이가 되고 있다. 게다가 외국인들은 더 확실한 사냥감이 아닌가 여겨진다.

이 정도면 최악의 상태가 아닌가?

희망보다는 비관과 절망이 깊게 박혀 있는 사회일 수밖에 없다. 이 외에도 고위 공직자들의 심각한 부정부패, 탐욕 그리고 국가적인 사업에도 신뢰할 수 없어 생기는 부작용으로 신음을 내고 있다.

몽골에서 사역하는 나, 특별히 가장 소외 계층 사람들을 대상으로 일하는 내가 이렇게 표현한다는 것은 모순적인 발상일 수 있다. 아무리 눈을 썼고 보아도 희망이라고는 찾아볼 수 없다. 늘 표현하지만, 앞이 보이지 않는 나라라고 정상을 참작하더라도 이해할 수 없는 민족주의적인 자존심과 이기심은 어느 민족도 따라 갈 수 없다고 본다.

이것은 사실이 아니더라도 최소한 내가 보는 시각은 이렇다는 것이다. 하지만 나의 시각일 뿐, 몽골을 사랑하는 하나님, 또한 끝없이 기도하며 믿음의 토양을 심기 위해 수고하는 선한 일꾼들을 통해 보이지 않는 희망이 싹트게 될 것이고, 하루가 다르게 변화 하리라 확신한다.

내 생각은 너희 생각과 다르니(사 55:9).

이 말씀이 떠오른다. 나의 주관적인 비판으로는 어느 한순간 뒤집어질 수 있다. 또 그래야 한다. 그것을 위해 오늘 여기에 살아가고 있는 것이다. 조상 때부터 내려오는 모든 재앙을 해결하는 유일한 방법은 오직 하나님의 능력뿐이다.

아직은 몽골의 믿음의 세대가 0.5세대(나의 표현)에 불과하지만, 하나님의 역사가 일어나기 시작하면 상상을 초월하는 믿음의 국가가 될 것이다. 민족적인 기상 위에 복음과 성령의 감동이 합해질 때 다시 한번 세상을 영적으로 정복하는 국가가 되리라 전망해 본다.

그런 날이 올 때 내가 이곳에서 받은 작은 수치와 모멸감이 영원한 영광으로 바뀔 것이고, 내가 보았던 부정적인 요소마다 환희와 기쁨이 가득한 현실로 완전히 바뀌리라. 그래서 나의 부족과 실수, 현명하지 못함으로 받았던 고난과 억울함이 아무것도 아니었다고 후회하는 날이 오기를 소원해 본다.

두통을 치료받기 위해 시드니 가정에 안착

2014년 8월 29일, 금

지난 3월경에 두통이 극심했다. 현대인에게 있는 스트레스성 두통과 좀 다르게 한 쪽 부분이 잡아당기는 것 같았다. 한동안 그러다 말겠지 생각하며 참고 있었는데 하루가 멀게 참을 수 없는 통증을 느끼며 지냈고 정상적인 생활을 하는데 많은 지장을 초래했다. 운전하다가 두통이 시작되면 골목으로 들어가 잠시 쉬었다 나오곤 했다. 하지만 당장 한국이나 시드니로 가서 치료받을 수 있는 상황이 아니었다. 그때부터 전혀 다니지 않던 산에 가서 신선한 바람도 쐬고, 나름대로 환경을 바꾸어 보려고 애를 썼다.

한편으로 두려운 마음이 들기도 했다. 사도 바울이 말한 다음 말씀과는 의미가 다르지만 고통을 호소하며 매일 죽는 연습을 하게 되었다.

> 나는 매일 죽노라(고전 15:31).

여름 단기 선교팀이 다녀간 후 곧바로 시드니를 향했다. CT와 MRI 사진을 찍은 결과 퇴행성 연골 파열이라는 진단이었다. 그것으로 인해 신경을 자극해서 두통이 일어났다는 것이다. 50대 이후에 자주 일어나는 현상이라고 하면서 운동이나 마사지를 받으라고 했다. 죽을병은 아니어서 다행스러운 마음을 갖고 감사의 기도를 드렸다.

그때부터 교회 성도 가운데 한의원을 운영하는 C 집사에게 치료를 맡겼다. 서로의 신뢰를 기초로 하나님의 인도하심과 치유의 은총을 날마다 간구하게 되었다. 우리 가족의 홈닥터는 자세 불량이 원인이라고 진단했다. 처음에는 그 말에 동의하지 못했다. 돌아보면 늘 책상에서 무언가를 하다가 엎드려 잠을 잔 적이 많았고, 또 의자에 고개를 젖히고 자다가 다시 일어나기도 했다. 한쪽으로 치우친 자세가 지속되다 보니 이러한 결과를 가져온 것이라고 했다. 그것은 신뢰할 만한 진단이었다.

물고기가 물을 만난 듯이 제2의 고향인 시드니 지역을 분주하게 다닐 수 있어서 무척 행복했다. 무엇보다도 가족의 품에 돌아왔다는 것보다 신나는 일이 없었다. 몽골에 있으면서 "만일 …"라는 생각을 수없이 떠올리며 갖은 궁상을 다 떨었다. 그러나 이제는 만일이라는 단어가 기억에서 사라져 버렸다.

헌신적으로 치료해 준 원장 집사님께 진심으로 고마운 마음을 전한다. 나만 아니라 우리 가족을 사랑하며 치료해 주는 정성에 갚을 길은 없지만 작은 사랑의 마음을 전할 뿐이다. 정신력이 근본적인 치료는 될 수 없지만 믿음과 기쁨으로 극복하고 두통을 무시해 버리면서 주어진 스케줄을 소화할 수 있었다. 마냥 부족한 선교사인 나를 만나 이야기를 들어주고 맛있는 음식을 대접해 주었던 많은 사랑하는 분에게 감사를 드린다.

하나님의 사랑이 도대체 무엇이길래 눈물과 사랑으로 맞이해 주는지 말로 어찌 모든 이의 사랑을 갚을 수 있겠는가?

더 힘을 얻어 주어진 사역에 충실하며 거짓이 없는 사역자로 살아갈 것을 파란 하늘을 바라보며 몇 번이고 다짐해 보았다.

몽골 선교를 위해 헌신하는 성도들에게 감사

2014년 10월 19일, 주일, 25도

시드니의 한 교회는 두 달 전부터 몽골 선교 기금을 위한 바자회를 결정하고 성도들은 기도로 준비했다고 한다. 힘겨운 이민 생활에서 할 수 있는 최선의 방법인지 모른다. 그야말로 몸으로 뛰는 헌신이다. 비가 오는 날에도 물건을 받으러 갔고, 집에 있는 소중한 생활용품도 가져오기도 했다. 어떤 성도는 집 앞에 있는 화분을 들고나왔다고 즐거워했다. 이렇게 수집된 물건들이 교회 안팎으로 가득했다.

선교 바자회를 위해 헌신한 이야기들 가운데 듣고도 가슴이 벅차 아무 말도 할 수 없는 일들이 있다. 바자회 이전부터 재활용 쓰레기 버리는 날 직전에 동네를 돌면서 쓰레기통에 있는 페트병을 모아 팔았다는 것이다.

소낙비가 쏟아지는 새벽이나 뙤약볕이 내리쬐는 한낮에도 구슬땀을 흘리며 노숙자처럼 동네 쓰레기통을 뒤지고 다닌 순례자!
여기에 대해 어떤 주석이 필요하겠는가?
이렇게 모아 건네준 헌금을 어떻게 집행하라는 것인가?

한편으로는 잔인해 보였다. 한나절을 함께 하면서 초여름의 시드니 날씨에 수고하는 성도들에게 죄송스러운 마음으로 고맙다는 인사를 했다.

연세가 지긋하신 한 권사님은 도리어 이렇게 말하며 기뻐했다.

"우리가 하나님 나라를 위해 일할 수 있는 기회를 주셔서 오히려 감사합니다."

이 말에 가슴이 벅차 오르고 눈물이 왈칵 쏟아져 내렸다. 하나님이 권사님과 교회 위에 한량없는 신령한 복이 임하기를 간절히 기도했다.

파송 교회에서도 수개월 전에 같은 수고를 했다. 목장을 중심으로 시도한 일이 교회 행사로 확대될 정도였다. 땀을 뻘뻘 흘려 빈대떡을 부치고, 반찬을 만들어 판매하며 온종일 수고를 다 했다고 들었다. 나는 몽골에 있었기에 함께하지 못해서 아쉬웠다.

그뿐만 아니라 한 목장은 한마음이 되어 바닷가에 있는 넓은 집을 대청소해서 그 일정 수입으로 선교 헌금을 전달해 주었다. 모두 몸살이 날 정도로 호된 일을 하면서도 분명하고 거룩한 뜻을 품었기에 힘이 났다는 말에 나는 얼굴을 돌리고 말았다. 감정을 숨겨 보려 해도 쉽게 되지 않았.

이민 목회를 하면 이러한 사랑을 받을 수 있을까?

수고한 목장의 식구들이 한자리에 모여 이야기를 나누며 다과를 나누었다. 선교사로 나가 일하면서 평생 받을 수 없는 크고 놀라운 사랑에 빠져 있다는 생각이 더욱 진한 감동으로 각인 되었다.

그저 하나님의 크신 은총 앞에 감사할 것 외에 무엇이 있겠는가?

선교지에 있으면서 한국 교회가 위대하다는 칭찬을 아낄 수 없다. 약 2만여 명의 선교사가 나가 있다는 통계만 보아도 절대 적지 않은 숫자이다. 물론 그 가운데 순수한 선교를 하는 선교사가 있는가 하면 반대로 그렇지 않은 경우도 적지 않을 것이다. 그것을 누가 판단할 수 없는 일이다. 다만 자기만이 알 것이라 본다. 그리고 최종적으로 마지막 그분 앞에 섰을 때 판명이 날 것이다. 그래서 옳고 그름에 대한 시비는 내 영역이 아니다.

여하간 그렇게 많은 선교사의 생활과 사역을 위해 한 해 동안 지출되는 헌금의 액수를 상상만 해도 천문학적 숫자일 것이다. 교회 건축을 위해 사역을 위한 대지 마련을 위해, 대형 프로젝트를 구상하고 요청할 때 힘을 다해 보내고 있음을 보게 된다. 거기에 따른 열매는 당장 눈에 보이지 않고 또 생각처럼 나타나지 않지만 순수한 믿음으로 하나님께 드리는 심정일 것이다.

흔히 "한국 교회가 정체되어 있다. 목회자들이 부패하고 비윤리적이다"라고 말한다. 눈에 보이는 현상만 갖고 말해도 많은 부정적인 말이 나올 수 있는 현실이다. 그러나 그러는 동안에도 세계 각국에서는 목숨을 내놓고 선교하는 선교사가 있고, 복음을 듣고 새 삶으로 변화되는 사람들이 많음 또한 부인할 수 없다. 어느 존경하는 목사님이 설교 시간에 말씀하신 한 대목이 떠오른다.

> 성도들은 시간과 돈을 내면서 예수를 믿고, 목회자들은 돈을 받으면서 예수를 믿는다. 그런데 목회자들보다 성도들이 더 진실한 믿음으로 예수를 믿고 있다.
> 누가 더 하늘나라의 복을 받겠는가?

지난 1세기 동안 한국 교회는 성도들의 아낌없는 헌신과 순결한 믿음, 죽으면 죽으리라는 일사 각오의 신앙으로 교회를 세워 왔고 부흥의 역사를 일으켰다. 갈수록 대형 교회를 중심으로 사회 앞에 욕을 끼치고 있지만 이러한 수치와 욕을 토해 내는 시간 가운데서도 하나님의 나라는 여전히 진행되고 있다.

목회자들이나 선교사들은 성도들이 자존심에 생채기가 나고, 피땀 흘려 가며 얻은 수입 가운데 일부를 하나님께 드리는 헌금에 대해 한 번만 더 생각하고 요구하고 받기를 바라는 마음이다. 목회할 때는 철이 없어서 이러한 것을 몰랐는데 천 원, 이천 원 모아서 선교 헌금을 보내는 교회나 성도들을 바라보면서 선교사는 마치 흡혈귀와 같다고 생각이 되어 죄책감이 많이 든다.

　인간이기에 가족을 생각하고 불확실한 미래를 준비하기 위해 물질을 축적하고 갖은 재주를 다 동원해서 개인의 부를 바벨탑처럼 쌓는 일이 어디에나 허다하다. 멀리 안 가더라도 내가 일하는 현장에서도 집을 몇 채 소유한 선교사들이 꽤 있다는 것이다.

　그렇지 않은 나는 무능하기 짝이 없는 선교사인가?

　송충이는 솔잎을 먹어야 하는 것처럼 나는 그런 재능이나 동원 방법을 몰라 늘 가족에게 미안하고, 선교사들 사이에서도 무능한 존재로 살아간다. 하지만 이대로 살련다.

　이렇게 타고 난 나를 어찌하겠는가?

　그렇다고 남달리 거룩하고 온전하지도 못하면서 남이 가진 것을 비난할 자격조차 없는 나인데, 이래저래 수치만 드러난다. 그저 성도들에게 온 마음을 다해 감사의 말을 전하고 싶다. 여전히 사역은 진행되고 있지만 돌아보면 기도와 물질로 함께해 온 모든 동역자에게 깊은 사랑과 감사를 드린다.

　가깝게는 매년 몇 차례 걸인들에게 필요한 옷, 면장갑, 작업화 그리고 과자나 사탕에 이르기까지 보내온 아내의 형제들 그리고 세계 곳곳을 다니며 수고해 얻은 수입을 최선을 다해 후원한 파송 교회 K 장로의 가족, 지금은 떠났지만 개인적으로 걸인 마을을 책임지며 헌신한 B 장로, 파송 교회 담임목사님과 모든 성도 분들 그리고 시드니에 있는 교회들과 한국에 있는 교회와 성도들에게 형언할 수 없는 사랑으로 감사의 마음을 전한다.

　하나님께서 측량할 수 없는 신령한 것으로 깊이 주시기만 간절히 기도할 뿐이다. 그러한 사랑과 헌신을 통해 선교사로 날마다 새롭게 태어나며 그날에 영광스러운 하나님 앞에 잘했다 칭찬받는 하나님 나라의 선한 일꾼이기를 다짐해 본다.

나가며

한 개인의 일상을 기록물로 남기는 것은 쉽지 않은 일임을 느꼈습니다. 어느 민족이든 각기 뿌리 깊은 전통적인 문화가 있기 마련인데 저의 주관적인 시선이나 느낌을 피력한다는 것은 모순이 아닐까 생각합니다.

이번에 출간된 내용은 벌써 옛날이야기에 지나지 않습니다. 그때의 골목이나 삶의 모습에서 몇 번이나 발전된 지금입니다. 시간이 흐를수록 한류 열풍이 이들의 삶의 자리에 깊이 들어와 있고, 문화적 가치 기준도 상당히 변화되어 있습니다. 이러한 점들은 제 글을 의아하게 생각할 수 있고, 오해의 소지도 없지 않다고 봅니다. 그러나 몽골 역사의 흐름 가운데 짧게 스쳐 가는 이야기로 바라보면 좋겠습니다.

이 책의 마지막 부분에도 언급을 했지만, 부족한 저를 위해 눈물로 기도한 동역자들, 물질로 헌신한 교회들과 개인들의 수고로 지금까지 주어진 사역을 감당할 수 있음에 대해 말로 감당할 수 없는 뜨거운 감사와 사랑을 드립니다. 여러분의 손길과 정성은 언젠가 결실하게 될 것이며, 우리 주변에 아직도 어렵고 힘든 이웃들에게 작은 소망의 씨앗이 되리라 믿습니다.

그리고 필력이 부족한 글을 교정하며 하나의 결과물로 빚어 내기까지 수고하신 CLC(기독교문서선교회) 직원 여러분에게 감사의 마음을 전합니다. 마지막으로 여전히 철없는 남편을 말없이 지켜보며 가슴으로 기도하는 아내와 가장 역할을 감당하고 있는 외동딸과 사위에게도 사랑을 전합니다.

제6부

부록

선교사의 제1 순위

봄볕이 창문 가에 내리쬐는 오전, 동역자 몽골 장로로부터 전화가 왔다. 할 이야기가 있으니 자주 만나는 카페에서 만나자는 것이었다. 다른 때와는 다르게 목소리가 무겁다는 느낌이 들었다. 무엇을 부탁하려나 하는 추측으로 나갔다. 늘 그렇듯이 나이가 나보다 많은 그는 일찍 나와 기다리고 있었다. 그는 몽골 NGO를 갖고 있어서 수년 전부터 나의 비자를 책임지고 있는 고마운 동역자다.

그의 말은 더 이상 비자를 연장할 수 없게 되어 유감스럽다는 것이었다. 내가 그동안 울란바토르 시내만 아니라 지방에 다니면서 설교를 한 것이 화근이 되었다는 것이었다. 몽골에서는 극소수의 종교 비자를 소지한 사역자 외에 종교 활동을 하는 것은 불법이었다. 그런데 나는 신이 나서 몇 년을 초청 교회에 다니면서 설교, 성경공부, 2박 3일 수련회까지 감당하며 열정을 불태웠다.

물론 그렇게 하면 한순간에 추방당하는 것을 모르는 바가 아니었다. 다른 여러 명의 선교사가 48시간 안에 떠나는 것을 지켜보며 안타까워했었다. 나의 종교활동을 한 번이 아닌 세 번이나 사진을 찍어 이민성에 신고했다는 것이었다. 일반적으로 한 번만으로도 추방당하지만 몽골 장교 출신의 힘이 버티고 있었던 것으로 짐작이 되었다.

나는 그의 말을 들으며 식어가는 커피잔을 움켜잡고 애서 태연함을 유지하려고 했다. 참으로 다행스러운 것은 다른 이들의 경우와 달리 추방은 면하고 다른 비자를 알아보면 되는 것이었다. 늘 마음에는 선교사의 주된 사역인 설교를 하다가 추방되면 그것도 영광이 아니겠는가 하는 일종의 객기가 있었는데 막상 내게 닥친 현실은 마음을 수습하기가 단순하지 않았다.

집에 돌아와 신음하듯 기도하는 것 외에는 다른 방법이 없었다. 여기까지 보내시고 일하도록 인도하신 분이 하나님이신데 이 시기에 떠나게 하시는 것도 그분의 섭리라고 여기며 포기에 가까운 마음으로 기도를 드렸다. 짧은 단막극과 같았던 시간의 조각들이 좁은 방을 떠돌고 다녔다. 당분간 몽골을 떠나 있으면서 다른 비자를 알아보아야 하는 것이 유일한 방법이었다.

다음 날, 출국 서류 준비 관계로 시내에 나갔다가 K 선교사를 길에서 우연히 마주치게 되었다. 가까운 한인 식당에 들어가 식사를 나누며 대화를 이어갔다. 평소에 교단이 다르기 때문에 교제를 할 정도로 친숙하지는 않았다. 나는 푸념 섞인 말로 내 자초지종을 털어놓았다. 그랬더니 자기가 몽골 교회에서 종교 비자를 받고 있는데 그만둔 지 얼마 안 되었으니 그 교회 지도자로 들어가라는 말을 했다.

선뜻 이해가 안 되었다. 시도한다고 해도 블랙리스트(Black list)에 올라가 있어서 가능성이 희박하다는 것은 누구나 아는 사실이었다. 하지만 지푸라기라도 잡아야 하는 상황이었다. 그 후 모든 것이 순조롭게 진행이 되어 한국에 나가 비자를 받게 되는 놀라운 역사가 이루어졌다. 우리가 흔히 입버릇처럼 말하듯 하나님의 인도하심(?)이라고 하기에는 너무 크고 놀라운 기적이었다.

선교사들은 어느 국가를 막론하고 가장 중요한 기도 제목은 비자 연장이다. 내 동생도 부부가 러시아권에서 20년이 넘도록 선교사로 일하고 있다. 3개월마다 비자를 위해 다른 나라를 방문하고 와야 하는 번거로움을 토로하는 것을 들었고, 늘 기도의 내용에 포함해야 했다.

비자가 있어야 무슨 사역이든 할 수 있기에, 선교사들은 누구나 예외 없이 공감하며 뼈저리게 고통받는 과제다. 비자로 인해 마음을 빼앗기는 것은 물론 경제적으로도 막대한 손실을 보아야 한다.

만일 다섯 명이 한 가족이면 어떻겠는가?

선교사 주변에 있는 후원자들이나 기도 동역자들에게 일일이 비자 문제에 대해 표현을 못 하는 것도 어쩔 수 없는 일이다. 또 표현해도 이해하지 못한다. 선교가 영적인 전투이지만 비자의 쟁취를 위한 전투이기도 하다. 그런 이유로 선교사들은 삼삼오오 모여 비자에 대한 정보를 공유하고 기도회를 갖기도 한다.

선교사의 옷을 입고 있는 한 비자를 비롯해서 각종 예기치 않는 일들로 하루도 마음 편한 삶을 살지 못하지만, 이것 역시 주신 사명이기에 눈물로 감당하는 이 땅에 많은 선교사에게 온 마음을 다해 힘찬 박수갈채를 보낸다.

잦은 단수에 대한 느낌

몽골에 정착한 지 어느새 수년이 되었다. 시드니에서는 수돗물이 안 나오는 경우는 거의 없는데 몽골에서는 자주 단수가 되는 경험을 하곤 한다. 물이 없으니 마실 물이나 밥을 할 수 없다. 그뿐만 아니라 손님이 집에 와도 커피를 끓여 줄 수 없다. 조금 불편하지만 잘 안 씻어도 된다. 그러나 화장실은 큰 문제다.

3일 후 저녁 늦게야 꽥꽥 거리며 황토물이 요란한 소리를 내며 나오기 시작했다. 밀린 일들을 안 하려고 했는데 갑자기 물이 나오니 해야 할 일이 너무 많아졌다.

그래도 얼마나 감사한 일인가?

아직도 게르에 사는 사람들은 공동우물에서 물을 길어 와 먹는 사람들이 많다. 그들을 볼 때마다 얼마나 힘들까 하는 생각을 하며 지내고 있다. 아파트에 사는 사람들은 마음껏 샤워를 하고 물을 사용하지만, 게르에서 사는 사람은 그렇지 못하다. 그래서 간혹 가까운 가족이나 이웃들 간에 아파트에서 샤워를 할 수 있도록 배려하는 것이 문화다. 어린아이들도 물을 길어 와야 한다. 추운 겨울에는 언덕을 올라가야 한다. 때론 눈길에 미끄러지기도 한다. 그래서 게르에 사는 사람들은 물 한 모금의 소중함을 알고 있다.

사람은 늘 자기의 생활 방식 안에서만 생각하기 마련이다. 눈을 조금 돌려 나의 문화와 다른 이웃을 돌아볼 줄 아는 마음이 필요하다.

우리의 주변에는 언제나 가난하고 어려운 사람이 있다. 그러나 우리는 시선을 다른 곳으로 돌리고 나만 편한 삶을 살기를 원하고 있다.

얼마나 이기적인 인간인가?

내 것을 나누고, 마음을 나누는 것은 매우 중요한 인간의 성품이다.

그러한 좋은 성품을 가진 사람들이 몽골에 하나둘 생겨난다면 얼마나 아름다운 나라가 될 것인가?

여러 생각이 스쳐 가는 시간이다.

가을 아침

엄마 품 내음 가득한 햇살이
창문 틈까지 비집고 들어와 있다.
문 열어 맞이 안 해도
내 초라한 온몸을 에워싸듯,
밤새 외로움에 잠들었던 바이올렛
목젖을 보이며 기지개를 편다.

지난겨울 홀로 몸부림치다
처절하게 메말라 죽은 장미 나무
애원하듯 물을 주며 사랑했더니
이제야 연한 잎을 돋우고 있다.
소생 하거라 중얼거려 본다.

아득히 들려오는 비발디의 "가을"
축 처진 영혼 앞에 살랑거리고 있다.
어제부터 들어오기 시작한 난방
미적지근한 내 마음과 같다.
하지만
내 안에 아직도 식지 않은 미련 하나
아침 햇살에 움찔거리고 있는
무엇이려니 …

독백

자정 담장을 훌쩍 넘긴 시간이건만
낯설기만 한 몽골 문자와 씨름은 끝나지 않았다
꽤나 호언장담한 했건만
시간이 흐를수록 침몰하는 난파선처럼,
몽골인들이 수의를 짜는 나이에도
여전히 내동댕이치지 못하고 붙잡혀 있는 건
교만이다.
망상이다.
뇌리 저편으로부터 들려오는 위로
이렇게라도 하지 않으면
아쉬워할까 두려워서
자랑거리도 아닌 것 하나 더하고 싶어서
이렇게 겹겹이 쌓인 간절한 염원
봄 햇살에 눈 녹아내리 듯
흔적 하나 없이 허공을 맴돌 뿐.

중국 장미

이정표 하나 없는 사막을 건너온 너는
진홍빛 목젖을 길게 늘어뜨리며
활짝 웃는 얼굴로 인사를 하는구나.
그러나
한낮의 햇살과 함께
투~욱
온 천지를 울리며 곤두박질할 때마다
원죄로 얼룩진 내 심장을 전율하게 한다.
조금만 더 머물기를 붙잡고 통곡을 해도
매몰차게 등을 돌린 너는
달콤함을 남기고 떠나 버린 첫사랑 같구나.
내 호흡이 살아 있는 동안,
그리고 사랑하고, 애달프게 바라는 모든 것이
하룻길이라도 후회 없이 피울 수 있다면.

여름 기행

작열하는 황금빛 태양은
뽀얀 먼지로 출렁이는 진흙 길을 따라온다.
지쳐 있는 우리네 얼굴을 그을리며,
멀리 고비의 야트막한 산봉우리는 병풍처럼 둘러 있고
나신의 아낙들처럼 하늘 향해 가슴을 열고 있다.

엊그제 내린 빗물은
코발트 빛 하늘을 머금은 채
골짜기마다 굽이굽이 노래하며 흐르고 있다.
끝도 없이 광활한 초원을 넋 잃고 바라보다가
먼 옛날 잠든 세상을 거세게 휘몰아치던
말발굽 소리를 듣는다.

우린 지구 반대편에서 날아와
야생화 같은 아이들을 보며,
가슴에 가슴을 파묻고 꿈꾸듯 흥얼거리는 가락을 듣는다.
들릴 듯 들리지 않게 속삭이는 초원의 노래를.

겨울 밤

몇 년이 흘렀어도 익숙하지 않은 듯
햇살이 건너편 아파트 공사장에 머물러 있을 때
한참이나 흐린 초점으로 바라본다.
누군가 올 것만 같은
그렇게 기다림은 수없이 창문을 두드리고 있다.

밤낮없이 컹컹 짖던 옆집 삽살개가
어디론가 떠난 후
짙은 적막은 흐느끼며 깊어만 간다.
매섭고 속살까지 시린 바람은
내 마음 아랑곳하지 않은 채
자작나무 빈 가지 사이로 겨울을 노래하고 있다.

노숙자 1

여린 봄날 처마 밑 얼굴에 기다랗게 내민 채
벌판에서 모래바람이 불어올 때마다
소리 없는 응시
파리한 입술
무슨 생각에 잠겨 있는가.
몇 년째 가뭄에 갈라지고 찢긴 논바닥 같은 손잔등
온갖 오물을 뒤적거린 역사 교과서 같구나.

비바람이 불어오고 눈보라 온 땅을 덮어도
아파도 아프다 말 한마디 못 하고,
서러워도 그 느낌조차 먼 옛날이야기
다만 허리에 찬 밥그릇만 흐느껴 울고 있다.

잊을래야 잊을 수 없는 자식 생각
독설과 함께 모진 발에 걷어 채인 서러움에
내동댕이쳐진 보드카 병 들고
검붉은 석양 그늘 사이로 휘청거리며 스쳐 간다.

노숙자 2

눈발이 미친 여자 머리채처럼 흩날리는 오후
을씨년스러운 몸을 피하고자 전기 버스에 올라탔다.
태곳적부터 썩기 시작한 인간의 냄새가 진동하는 시간에
두 사람의 전쟁이 이미 시작되었다.
버스 안내양은 굵은 다리로 걸인을 발로 차면서
내리라고 소리를 지르고 있고,
승객들은 코를 막고 광경을 바라보고 있다.
걸인은 갑자기 나를 바라보더니
어이!
김 선생!
안녕하세요?
"내게 따스한 밥을 선물하시는 좋은 선생님!"
당황스러웠다.
승객들은 일제히 나를 응시했다.
홍당무처럼 변해 버린 내 얼굴
더 이상 감당할 수 없어 다음 정류장에 무작정 내리고 말았다.
사춘기 소년처럼.

노숙자 3

한국에서 보내온 알록달록한 목도리
노인들이 돋보기 쓴 채 한 코 한 코 채워간 흔적이 서려 있다.
세상에서 무엇과도 바꿀 수 없는 소중한 선물
무채색 목에 걸어 주었다.
두어 명의 눈에 이슬이 맺혀 있다.
한 번만 걸쳐도 빛깔이 사라질지라도
올겨울 내내 차디찬 목에 걸치고 다니라고,
그 후
그들의 목에는 아무것도 감겨 있지 않았다.

포근한 사랑을 받는다는 게 사치로 여겨졌는가?
눈물과 사랑으로 수 놓은 목도리는 다 어디로 간 것일까?
떨리는 손마디로 지은 기도 시는 어디에 적혀 있을까?
어느 감정도 품을 수 없는 비극적인 인생들을
언제까지 품고 걸어가야 하는가?